这样养育，孩子才有自驱力

CULTIVATE
SELF-MOTIVATED

自驱力

罗利娜

著

湖南文艺出版社
HUNAN LITERATURE AND ART PUBLISHING HOUSE

博集天卷
CS-BOOKY

致　敬

所有对"儿童发展与健康"做出杰出贡献的

科学家、心理学家和教育学家

目 录

Contents

第一章 为什么孩子需要自驱力　　　1

01 无处不在的压力网　　　2

和以前的孩子相比，新一代孩子拥有更多的机会。他们的资源更多，看到的世界更广，所接触的社会变化更大，面对的竞争更激烈，会遇到更多不确定因素，以至于新一代的孩子面临着自驱力越来越弱、人生目标越来越模糊的新危机。

02 自驱力需要从小培养　　　14

如何顺应儿童的天性，激发自我驱动力，让其在未来有能力过上健康、幸福、有尊严、有个性的生活？这是自驱力的核心议题，也是教育者和成人应有的人文关怀。

03 父母的自驱型养育准备　　　24

一旦你看到了孩子的潜能，学会因材施教，你就会感受到自驱型养育的显著效果。任何时候关注自驱型养育都不晚，你可以从现在开始。

大量的研究报告表明，如果孩子成长在有良好亲子互动关系的家庭中，孩子的大脑会发育得更好，拥有强烈的好奇心和探索行为，以及良好的自主感和控制能力，学习知识和掌握技能都会更胜一筹。

父母面临的问题通常不是缺乏爱，而是不愿面对自己。我们往往会在潜意识中模仿父母的行为。当我们没有办法反思自己与父母的经历时，就会不自觉地被童年经历影响我们的育儿方式。

成为孩子心中的榜样或者想要效仿令人尊重的父母，并不意味着你需要成为一个完美的人。希望自己成为"无所不能"的父母，这种想法本身就是错误的。

这样养育，孩子才有自驱力

我想让孩子的内心世界"不平凡"，因为孩子的未来更宽广，他们拥有更广阔的天地。我们这一代父母可以当孩子的心灵守望者、成长的脚手架。

顺应儿童天性，激发孩子的自驱力

2022 年对于我国的家庭教育是具有里程碑的一年。新年伊始，《中华人民共和国家庭教育促进法》正式生效实施，将"家事"上升到"国事"。科学立法为家庭教育提供了强有力的制度支持，让家庭、学校、社会等相关主体形成合力，为科学育儿提供全面保障。

近两年，广大父母感受明显的是，随着"双减"政策的实施，孩子的学习负担得以减轻，孩子的全面发展成为可能。但是，父母面对快速变化的教育形势有了新的茫然，家长们都迫切希望迭代自己的家庭教育观念和方法。

中国家庭教育学会是国家级家庭教育学术组织，自 1989 年成立以来就一直积极促进和推进我国家庭教育事业发展。我从事家庭教育科普工作十多年，曾任第三届中国家庭教育学会宣委会理事长、《中华家教》杂志总编辑，亲历中国家庭教育事业的快速发展。多年前认识学会家校社专委会理事罗利娜女士，并关注到她持之以恒地在家庭教育上积极探索研究与宣传普及。

罗女士新书《这样养育，孩子才有自驱力》专业功底扎实，在理论知识、实操建议和案例探讨上都让人眼前一亮，在纷杂环境中帮助父母面对家庭教育的新变化做出科学的选择。书中分析了当下孩子所面临的压力及影响，提出了积极提高孩子自驱力的有效方法，符合现在"双减"政策下对新时代父母的期望。积极倡导家长顺应儿童天性，激发孩子的自驱力，让孩子在未来有能力过上健康幸福、有尊严、有个性的生活。

罗女士的创作既有专业深度又有情感温度，充满人文关怀，希望广大读者朋友们通过阅读本书掌握科学的家庭教育理念与方法，陪伴孩子快乐成长，培育新时代英才！

陈光

中国关心下一代教育基金会新安基金常务副主任

2022 年 6 月 28 日

在变化的世界里寻获飞翔的力量

我们作为父母，要培养一个什么样的孩子？

相信你能感受到，随着互联网、教育、经济的迅速发展，社会文化的融合让我们看到如今的孩子更多元的精神面貌。新一代孩子的身上有着和我们乃至上一代人许多不同的特征。就像2022年北京冬奥会赛场上的小将，他们身上都显示着新一代年轻人的朝气与青春、自信与自由。

相信你也能感受到，新一代孩子的格局注定比童年时的我们更大。无论是神舟升天带给孩子关于宇宙苍穹的好奇，还是中国文化带给孩子对中国历史上下五千年的眷恋，他们对世界的了解已经不需要通过陈旧的知识来获取，而是可以第一时间通过信息的高速传递，快速了解自己想要了解的一切。随着时代的发展和社会的变迁，我们的孩子必定有着和我们这一代人不一样的思维框架。

我在香港大学社会科学学院读社会工作专业研究生期间，修读了诸多心理学理论和实践知识方面的课程，先后从事医院社工、心理咨询、儿童教育和家庭教育课程研发等工作，教授过二十万名学员家长，我自己也养育着两个孩子。我跟很多学员细致地聊过，并跟进过很多家庭的养育问题，也深入探索过孩子积极成长、潜能开发、心理健康、学习状态等一系列与成长相关的议题。随着这些年来在心理辅导和教育课程中的沉淀，研究得越深入，我的教育理念越清晰：成功且快乐的教育是存在的。

有很多优秀的孩子背后都有优秀的家庭理念支撑着，而得到家庭教育赋能的孩子往往比我们想象中的更有力量。他们享受成长的过程，能够释放能量，在更为自由、更为广阔的社会发展中，充分展现着自己独一无二的魅力。

这些年来，我所接触的每一个家庭，当大家分享自己和孩子的故事给我听时，我都会为之动容。这本书，我起的名字是"这样养育，孩子才有自驱力"，这是我一直以来想传递给我身边每一个朋友、家庭、读者的教养理念：无论孩子还是成人，自驱力是每个人与生俱来的能力。通过适当的方法，我们就能充分运用好它。如果你希望孩子成功又快乐，就要从小培养孩子的自我驱动力，让孩子成为一个在"自驱型养育"启发下长大的人。无论养育中遇到怎样的挑战，我们都不要忘了孩子内在的潜力，更不要忘了我们作为新一代父母的潜力，成为新一代"自驱型养育"型父母是每个成年人都可以做到的。

就好像开头的提问：我们作为父母，要培养一个什么样的孩子？我在这本书里可以很肯定地说出答案：那就是让孩子成为一个拥有自我驱动力的人，在未来有能力过上健康、幸福、有尊严、有个性的生活。这便是这本书的核心目标，也是和我一样的"自驱型养育"型父母共同的期盼。

也许在养育中你会经历很多困难，会经历迷茫和沮丧，那么我希望，这本书可以陪伴你、鼓励你。也许你已经走在培养孩子自我驱动力的正确道路上，那么这本书会让你有找到同路人的共鸣感。

在这本书里，我会从亲密感、学习力、控制力、抗挫力、成就感五大方面跟你分享一个孩子获得自驱力所需要的养育金字塔是如何组成的。书中的所有理论都是我融合了儿童发展心理学、认知疗法、积极心理学、家庭治疗、多元智能理论、自我决定理论、情绪疗法等诸多心理学理论，并且在自己的养育中、在个案咨询或课程服务中真实应用和整合过的。我学习和从业近十年的所有思考、成果、精华都完整地呈现在这本书里。

我希望这本书可以给每一个新时代的父母一份养育的力量。书里的大部分案例来源于我的读者、课程学员、朋友的真实经历（为了保护他们的隐私，对个别信息做了改动），还有一部分源于我的亲身经历。我尝试用心理学的语言跟你叙述，也希望你可以从中看到自己、认出自己，能有机会提前洞察一些问题，或者找到契机拥抱童年时期的自己，构建和谐的亲子关系，或者尽早找到自己养育的支点，让自己对孩子的陪伴更加科学从容、轻松有效。

这同样也是一本很实在的书，里面有大量的工具、练习、心理学问卷、配套活动来帮助你行之有效地与孩子相处，让你找到跟孩子共处的频道。它会帮助你打开视野，重新构建你的认知，也会帮助你打开思路，换个角度看问题。我相信，看完本书后，你会发现，一个有自我驱动力的孩子会更容易拥有让自己幸福的能力。

在这条路上，你会发现，父母的能量有多么巨大，每一位父母都可以成为孩子的星辰大海。我们没办法代替孩子飞翔，但我们可以教孩子学会飞翔，拥有飞翔的力量，然后陪伴孩子尽情享受这趟成长之旅。只要你愿意，从这本书开始，我就会陪着你一路向前。

罗利娜

2022 年 6 月 18 日

第一章
为什么孩子需要自驱力

01 无处不在的压力网

父母是孩子的第一任老师，我们会义不容辞地守护孩子的成长，但教养这件事情，有时候会让人喘不过气来。

我们是孩子呱呱落地之后最先认识的人，孩子接触世界的窗口和视角由我们带来，孩子的发展始终与家庭紧密相连。但实际上，对每一个父母来说，都承担着非常沉重的育儿压力。

这些年来，我和我的团队跟许多家庭进行过沟通交流，回答过的咨询答疑已经有上百万字。我自己也养育两个孩子，他们每时每刻的成长和挑战都是我观察孩子的窗口。

和以前的孩子相比，新一代的孩子拥有更多的机会。他们的资源更多，看到的世界更广，所接触的社会变化更大，面对的竞争更激烈，会遇到更多不确定因素，以至于新一代的孩子面临着自驱力越来越弱、人生目标越来越模糊的新危机。

新一代的孩子，心理健康问题越来越严重。据《中国国民心理健康发展报告（2019—2020）》[1]显示，2020年，中国青少年的抑郁检出率为24.6%，其中轻度抑郁17.2%，重度抑郁7.4%。随着学生年级的升高，抑郁和重度抑郁也呈上升趋势：小学阶段，重度抑郁的检出率在1.9% ～ 3.3%；初中阶段，重度抑郁的检出率在7.6% ～ 8.6%；高中阶段，重度抑郁的检出率在10.9% ～ 12.6%。

各年龄段的抑郁检出率和得分情况

资料来源：中国科学院心理研究所国民心理健康评估发展中心2020年青少年心理健康状况调查

1. 傅小兰，张侃，陈雪峰，等 . 中国国民心理健康发展报告（2019—2020）[M]. 北京：社会科学文献出版社，2021.

第一章 为什么孩子需要自驱力

　　我总结了孩子身上常见的四种压力，这些压力可能来自孩子的父母、其他长辈、学校以及社会。提前了解这些，我们才能重新思考如何从零开始去孵化孩子的自驱力，让孩子在未来的千变万化中，拥有自力更生的能力，最终能在自己的人生路上直挂云帆济沧海。

1. 孩子的第一层压力是无法从周围获得足够的信任。

　　社会上时常会出现一个观点：孩子不管不行，不盯不行。传统教育观点认为孩子必须得受教，成年人有义务教导孩子，孩子也有义务好好听话。因此，当在教养中遇到问题时，成年人的传统做法便是说教。很多父母会跟孩子说很多的道理，并且用成人世界的法则来要求孩子。当父母认为温室里的花朵经不起风雨时，甚至会人为地制造很多的挫折去打压孩子。

　　实质上，这些做法都指向一个本质：成年人并不相信孩子有成长的内在动力。比起相信每个人的人生是掌握在自己手里的，习惯打压孩子的成年人会更倾向于认为孩子是懒惰的、没有动力的，也会更倾向于认为成长和学习的过程是不愉快的、反人性的，所以成人必须采取各种各样的外在措施，才能保证孩子不偏离既定轨道，按照成人世界的规则来发展。

　　我们可以看到，社会上充斥着太多的外部管控措施，比如奖励、惩罚、成绩排名、统计数据，以此来判断一个孩子的发展状况是否可控。这些措施在一定程度上有其存在的意义，但在孩子成长的过程中，对外部管控措施的过分强调实际上会减弱孩子的内在动力，让孩子缺乏前进和成长的内在愿望。

举个例子，如果一个 4 岁的孩子正开心地与她所有的玩偶玩耍，并告诉你她所有玩偶的名字、外观、性格，邀请你和她的玩偶玩"过家家"。这个时候，你却提出一个建议：如果孩子能够把玩偶按照大小顺序来进行排列，就奖励孩子一个棒棒糖。这时会发生什么事情呢？你会发现孩子最初的那种纯粹的、不带任何目的的游戏状态不见了，取而代之的是为了赢得一个棒棒糖，孩子开始转移自己的注意力，停止想玩"过家家"的念头，让自己按照成人的要求进行表演。在这个过程中，便是成人用一个棒棒糖操控了孩子的行为，削弱了孩子本身的内在学习状态，让孩子本来的沉浸式学习体验完全消失了。

目前的社会文化中，这样的情况反复上演，这和我们接受的一些固有观念是分不开的。比如传统观念会更倾向于素质教育就是在瞎玩，兴趣爱好的孵化就是在浪费时间。孩子的所有时间都应该花在背诵、默写、学语文、学数学、学英语等看起来对考试有利的事情上。如果一个孩子告诉你，他更想去上技校而不是考取一所高中，那就是反叛的、不理性的决定；如果一个孩子告诉你"过家家"是他最喜欢的游戏，那就是玩物丧志的想法。这些偏见对孩子的负面影响是极其明显的。

2. 孩子的第二层压力是成人世界对孩子生活的绝对控制。

有很多孩子一直在背负着大人的期待前行。这种背负是无孔不入的，比如孩子每天几点起床、穿什么衣服、几点吃饭、何时学习、学什么内容、能玩什么不能玩什么，再到生活中和谁交往、选择什么兴趣班、选择什么专业、考哪所大学，甚至到了成年时期，孩子跟谁恋爱结婚、婚后如何安排自己的生活、是工作还是全职、是生一个孩子还是多个孩子……有很多父母对孩子的控制行为让人唏嘘不已。它不仅发生在孩子身上，甚至连成年人都没有机会逃离。

当孩子的生活被控制缠绕住时，就像一张网套住另一张网，你会发现孩子是没有喘息空间的。如果把人生之旅比喻成自驾的过程，在控制模式中，成人是主控者，可以在驾驶座上任意选择目的地、速度和播放的背景音乐，而孩子只是作为乘客随行。

一个从来没有在主驾驶座上握过方向盘的孩子，他们又将如何学会自我驱动呢？

习惯在方方面面控制孩子的父母往往有三个深层次的心结。

第一个心结是压力。因为工作和生活的不如意，让父母失去了自己对工作和生活的掌控感。掌控感的缺失会引发成人心中的怨恨、慢性压力和焦虑。这些负面情绪是会流动的，它们会透过一些表情、语言、信号和行为传染给孩子，让孩子不得不承受来自成人的层层压力。越焦虑的父母越倾向于控制孩子，这会形成一个恶性循环。

第二个心结是欲望。父母内心极其希望孩子成功，或者渴望通过孩子的成功来证明自己是成功的。父母习惯把"自己认为重要的事情"当成"孩子应该认为重要的事情"，这就是为什么他们如此严格地管理孩子的课外时间，并且给孩子安排非常繁忙的日程计划。哪怕孩子对此提出抗议，但在父母的规划里，这些抗议都是无效的。

第三个心结是恐惧。恐惧激发了父母想要彻底控制孩子的想法，他们会把"控制"错误地认为是一种"保护"。他们会在潜意识中认为，孩子在成长的过程中有很多事情要害怕，比如事故、疾病、陌生人——这些事情可能是灾难性的。除非自己能全方位地帮孩子安排好，否则孩子不可能顺利成长，这是大多数习惯控制孩子行为的父母内心所想。但这样的成长过程对双方来说都是痛苦的，孩子成了父母期待的替代品，父母剥夺了孩子独立的权利。在这个过程中，父母的期望会完全投射到孩子身上，而孩子的所有表现都会被看成父母的面子。

3. 孩子的第三层压力是时刻处在竞争和考核之中。

我在香港大学社会科学学院读社会工作专业研究生期间，修读了诸多心理学理论和实践知识。我先后从事过医院社工、心理咨询、儿童教育和家庭教育课程研发等工作，十年来接受的专业培训都在研究孩子和成人的发展状况。在学术领域，我们有很多的评估量表来判断孩子是否达到或高于某条基准线。我们需要这些专业量表，因为它们给我们提供了客观的参考依据。不仅在心理学领域，在宏微观经济领域，我们也会通过很多统计数据来判断一个区域的发展状况；在各行各业的经营过程中，我们会通过营收数据、调查问卷和服务评定等方式来跟踪企业是否处在健康发展的状况中。在专业领域，数据和分析量表是很常见的辅助工具，基于这些工具的支持，我们的服务会更加精准，提供的策略也会更加有效。而在养育孩子的过程中，如果把分数和考核当成孩子发展的唯一标准，当成人和教育者用"唯分数论""唯结果论"去看待孩子时，就会让孩子变成流水线上的产品，导致孩子所处的环境充斥着冷冰冰的竞争。和自己同学的对比、学校的分数排名、比赛的名次顺序、多胎子女在父母心中的地位排名等，考核无处不在。

如果养育成了一刀切的流水线工作，那些不符合流水线生产标准的孩子就会开始认为自己是落后的、愚蠢的或者是无能的产物。受到这种想法影响的孩子会时常处在恐惧之中，担心如果不比别人好、不比别人分数高、不比别人走得快，自己就是没有价值的，就会被社会淘汰，被父母抛弃。这种围绕在孩子身边的、持续高压的竞争和对比，会让一个本该充分享受成长、使自己实现价值的孩子体会不到生活的美好。

越来越多的研究表明，这种养育模式已经不再适应未来社会的发展。近几年，国际知名大学排行榜的数据显示，大学现在越来越看重学生的综合能力指标，意味着需要孩子有稳定的综合表现，需要孩子是一个有自己独特之处的人，而不是流水线上打磨的模板，哪怕再精致也只是空心的雕塑。

4. 孩子的第四层压力是内心的空虚感越来越强烈。

在如今这个紧张的、高压的、快速运转的社会，无论孩子还是成人都处在极其忙碌的状态里。一方面，孩子白天要上学，一堂课接着一堂课；放学后有功课要做，有课外活动要参加，有家庭事务要参与，甚至有兴趣班和补习班在排队等着孩子。另一方面，我们成人在大部分的时间里同样非常忙碌。我们要张罗生计、处理生活中各种琐碎的难题，要应付工作中的各种项目，要检查孩子的作业、管理孩子的学业、处理学校老师的反馈，甚至会因家庭琐事而和自己的伴侣吵架。这种一环扣一环，每个环节互相拉扯的生活节奏特别不利于父母和孩子建立持久的、稳定的情感联结。

你还记得上一次和孩子深度谈心是什么时候吗？还记得上一次带孩子去户外无拘无束地玩耍是多久之前呢？孩子和你说过的异想天开的故事你还记得多少？最近一次和孩子一起做傻乎乎的事情，一起随意大笑发生在何时呢？孩子会主动跟你说他的小秘密吗？你会主动跟孩子说你的小秘密吗？……这些问题都反映了一个家庭的亲密关系状态。我们的孩子越来越缺少爱的维系场所，也越来越缺乏社交情感的联结。大家的时间表都很紧凑，像陀螺一样连轴转，无法停下来，以至于我们缺少了足够的留白时间，可以让心灵得到喘息，让情感得以交流。

一方面，如果孩子从小缺失建立亲密关系的联结机会，缺失足够的社会情感学习机会，那么孩子就很难有耐心去处理比较大的情绪和关系冲突，这会影响孩子在学校里的状态和学习效果。情感关系上的不安全感会引发更多的欺凌、攀比、拜金、冷漠、攻击等恶性事件。

另一方面，缺少足够情感交流的家庭关系更容易制造冲突。一个没有动力上学的孩子，可能会和天天对孩子吼、催孩子起床去上学的父母发生激烈的矛盾；一个没有心思写作业的孩子，可能会和要孩子立刻做完作业的父母争执不休。这种冲突不仅会发生在家庭里，也同样会发生在学校里。很多在课堂上调皮捣蛋的孩子往往反映了他们在家庭关系中亲密感的缺失。由于在家庭关系中和父母长期处于对立状态，孩子无法学会如何在学校或者社会中和他人和睦相处。

　　联结、归属、依恋、亲密、关联，这是人类繁衍的基本需求，也是每个人都需要的心灵安全地基。缺失了家庭关系中亲密感这层牵系，孩子就如同悬空的阁楼，垒得越高，崩塌得越快。千疮百孔的心灵是没有能量去自我驱动成长的。

讨论完孩子常见的四种压力后，我们再看看对孩子的成长影响深远的家庭氛围。

如果我们希望孩子学会自我驱动成长，那我们要试着思考一个核心问题：我们家庭的自驱力氛围是怎样的？

下面九道自测题请你快速回答一下。符合你的家庭状况的，回答"是"；不符合你的家庭状况的，回答"否"；不清楚或者不知道的，回答"不知道"。

❶ 你知道哪些事情是你的孩子能够胜任的？列张清单，你能连续列出几项？

❷ 你有没有试过问孩子，哪些事情是他/她曾经觉得自己能胜任，但是现在却胜任不了的？

❸ 当你制订家庭旅行计划，或者给孩子过生日时，孩子选择和参与的机会大吗？

❹ 你有没有试过跟孩子聊聊生活中的压力，以及自己是如何应对这些压力的？

⑤ 你有没有试过跟孩子说"你才是最懂自己的人，没有人比你更了解自己"？

⑥ 你有没有试过问孩子，关于生活、学习、家庭关系的先后顺序，比如"回到家之后想做什么""你想如何安排家庭作业的完成顺序""周末想让爸爸妈妈带你做什么""有没有感兴趣的活动"等等？

⑦ 孩子是否有记日记、涂鸦绘画的习惯？

⑧ 你有没有试过给孩子做决定，虽然结果并不理想，但是你第一时间就和孩子进行了总结呢？

⑨ 你有没有试过和孩子讨论有关"责任感"的话题？

在你的回答中，"是"的答案越多，就说明你的家庭自驱力氛围越强；而"否"以及"不知道"的答案表示这些都是你家庭关注的盲点。

02 自驱力需要从小培养

自驱力，也被称为自我驱动力或自驱力，顾名思义就是"驱使自己不断前进的力量"，它能够激发一个人自发地去培养探索、研究、学习的自律性行为习惯。拥有自驱力的人会更倾向于：

1. 相信自己是可以掌控自己的生活的。

他们会有强大的自我控制力，并认为自己的行为是能够对结果产生影响的。当面临挑战的时候，他们会觉得通过勤奋的努力、正确的选择和坚持不懈，是可以克服困难的。

2. 拥有高度的自我激励性行为。

他们不依赖外部奖励或者惩罚来激励自己采取行动，而是更愿意主动为自己设定目标，并朝这些目标努力，同时能在这个过程中寻找乐趣，而非机械性地执行。能基于自己的目标做好计划，把目标转化成可执行的一个个动作。换句话说，他们知道这个决定是自己发自内心想做的，所以会主动思考，制定策略，让自己更加接近目标。

3. 能为自己的行为负责。

有自控力的人会把成功归于自己的付出，也愿意主动为自己的失败承担责任。他们关心自我成长，也渴望让自己更强大。

4. 相信自己的价值。

他们更愿意相信自己是被爱的，是能为这个社会和世界创造价值的，他们愿意释放情感，也更愿意寻找社会支持。

就像我们的"杂交水稻之父"袁隆平一样，他之所以有"水稻梦"，是和母亲对他的影响息息相关的。他曾在回忆录中写道："他们说，我用一粒种子改变了世界。我知道，这粒种子，是妈妈您在我幼年时种下的！"这颗在袁隆平心中种下的"种子"帮助袁隆平塑造了自驱力。

　　"自驱力"是一个科学概念。从家庭关系的角度来看，我们更看重家庭能否持续提供一种氛围，让孩子可以在潜移默化中去孵化自驱力。如何顺应儿童的天性，激发自我驱动力，让其在未来有能力过上健康、幸福、有尊严、有个性的生活？这是自驱力的核心议题，也是教育者和成人应有的人文关怀。

　　每个人都有自驱力，因为自驱力是藏在孩子心里的根。如果一个人没有这种力量，就等于一粒种子缺乏营养，是没有办法发芽的。一个孩子从呱呱落地开始就一直在运用自我驱动力去成长。他们学会抬头和爬行，学会发音和说话，学会观察世界，学会用哭泣和微笑跟身边的人交流。可以说，在孩子成长的过程中，原本最不缺的就是那如生命本质般的自驱力。但很多时候，孩子的自驱力并没有得到充分的发展。随着年龄的增长，它更多的时候是被外部压力包围了，没有办法再继续发展下去。通过上一节提供的"自驱力家庭氛围自测"，你可以大致了解目前你的自驱力家庭氛围的情况。

　　从心理学角度来看，让一个孩子产生自驱力的过程是有步骤的。先让孩子有想法，然后有基础技能，有情感上的喜欢，最后调整自己的行动，长久地去做这件事情，这才是一个孩子真正的自驱力。孩子若拥有这种自驱力，哪怕成人放手不管，孩子也不会自由散漫。

　　以学习为例。孩子不会对所有事情都感兴趣，也不是每个孩子都对学习感兴趣。假设你辅导孩子做作业，孩子以各种理由不想完成，比如告诉你肚子痛、总想去厕所，或者频繁去客厅喝水，等等，这时候你该如何面对和处理呢？如果把"让孩子写完作业"当成一个养育目标，我们当然可以通过奖励或者惩罚的方式使孩子完成这个目标。但长期依赖奖励或者惩罚的方式来调整孩子的行为，事实上会削弱孩子的自驱力，很难帮助孩子形成长期的自我驱动力。

那我们可以怎么做呢？你需要把目光投向心理学领域一个非常重要的理论：自我决定理论。

自我决定理论是在20世纪80年代，由美国心理学家爱德华·德西和理查德·瑞安等人共同提出来的。该理论提倡关注每个人与生俱来的天赋资质和心理需求，并认为人们的成长和改变的动力来自三种与生俱来的普遍心理需求，一个人如果能同时满足这三个需求，则会给个人带来最佳的发展和进步。

自主需求，强调的是人们对话语权的感受，希望对生活有足够的掌控感。胜任需求，关注的是人们能否相信自己能够胜任某个任务，掌握相关技能来帮助自己发展。而关系需求则是对亲密关系的渴望、在意和重视，能否体验归属感和依恋感。

在德西和瑞安的观点里，这三个需求在很大程度上影响了一个人的心理成长值。举个例子，一个人在工作中未能完成一个重要的项目，如果这个人的心理成长值是足够的，他就会承认自己的错误，相信自己可以做些什么来解决问题，并主动采取行动来纠正错误、修补关系；但如果这个人的心理成长值是低的，他就可能会寻找其他借口来推脱责任，责怪别人，转移视线。他拒绝承认自己的错误，并且没有动力去改正错误。与此同时，这个人可能会对形势的发展感到无能为力，会认为无论自己做多少事情，对结果都不会产生任何有益的效果。

回到我前文介绍的孩子常见的四种压力。这四种压力交织在一起，会破坏孩子的心理成长值，为孩子自驱力的形成制造障碍。当孩子的自主需求、胜任需求、关系需求在层层压力面前被破坏殆尽的时候，孩子就很难成为一个拥有自我驱动力的人，就更难在未来过上健康、幸福、有尊严、有个性的生活。

自我决定理论面世后，被广泛地运用于社会心理学、积极心理学等多个领域中，也有越来越多的心理学家、家庭教育导师、社会工作者围绕自我决定理论提出自己的养育理念和观点。像美国临床神经心理学家威廉·斯蒂克斯鲁德博士和家庭教育导师奈德·约翰逊就共同提出了"自我驱动的孩子"的概念，他们针对青少年的生活、求学和考试压力，结合自我决定理论提出有方法、有针对性的养育建议，希望可以帮助孩子对自己的生活拥有更多的掌控感，并且让孩子找到自己的内在动机，使潜力发挥到极致。

自驱型养育是我基于"自我决定理论"以及"自我驱动的

孩子"概念倡导的养育模型。和威廉博士、奈德导师更多关注青春期的青少年的压力不同，我更多的是关注孩子从出生到小学阶段的心理状况，并在这个基础上提出我的养育思考结果。我引入"自驱型养育"这一理念，是想陪伴新手父母和小学生父母做好两件事情：

看到孩子的天赋资质，因材施教，发展孩子的综合能力；提供足够的心理需求支持，因势利导，唤醒孩子的自驱力。

针对现在社会和生活中充斥着的各种消极因素和压力，我有四个建议想分享给每一个希望孵化孩子自驱力的父母。

1. 从现在开始，改变对孩子的态度和观念。

如果我们想培养一个有自我驱动力的孩子，首先要做的一件事情就是改变我们对孩子的态度和观念。我们不应该总把孩子视为被动学习者，"孩子离开了成人的推力就没办法做成任何事情"的想法是不利于孩子成长的。

我们必须将孩子视为天生的学习者，无论孩子的年龄是多少、他的行为举止和你最开始设想的有多么不一致，我们都要相信，孩子天生是拥有好奇心的，并且有动力去做对他们有意义的事情。我们要相信孩子拥有与生俱来的自我驱动力，能为自己的生活做出正确的决定。我们要学会信任孩子，让孩子能够在被信任中成长。

如果我们不这么做，就很难让孩子持续拥有被信任的感觉。如果孩子持续受到父母的怀疑和产生不被信任的感受，就会对自驱力的发展产生持续且消极的影响。

2. 从现在开始，给孩子更多自主选择的机会。

如果我们想培养一个拥有自我驱动力的孩子，那就需要从现在开始，提供给孩子更多的自主权，让孩子从小就意识到自己对生活是有话语权的，能为自己的生活负责，能拥有自主权去决定自己的目标和方向。

我们要学会放下不安、焦虑和恐惧，从小事做起，把生活的自主权交还给孩子。哪怕是年纪再小的孩子，他都可以决定自己想穿什么衣服、喜欢吃什么菜、想选什么兴趣班。多跟孩子进行开放式沟通，多与孩子讨论他感兴趣的事情，尊重孩子的想法和观点。

爱是相伴且不干扰的。我们要观察孩子、倾听孩子的想法，对孩子的想法持开放态度，愿意和孩子一起面对问题、思考问题，找到双赢的解决方案。只有把主驾驶座的位子交给孩子，孩子才有可能学会如何开车。哪怕最开始孩子作为新手上路，磕磕碰碰，令人忐忑，父母也要克制自己争夺主驾驶座的念头，要选择坐在副驾驶座上，为孩子的自驾之旅提供建议，一起探讨，并提供必要的帮助。副驾驶座是安全的，既不干扰孩子开车，又可以在关键时刻给予孩子支持，危急时刻也可以挺身而出。

孩子需要从小培养对生活的自主感和掌控感，这样，孩子才会慢慢知道如何在重要的事情上做出合理且合适的判断。

3. 从现在开始，鼓励孩子多发展自己的兴趣爱好。

素质教育不同于应试教育之处，包括不以唯一的标准来判断一个孩子的潜能。我们的社会需要具备各种技能的人，无论警察还是工人都能为社会做出贡献，保证行业的多元化是社会发展的必要条件。我们需要看到各种能力的价值，而不是美化某一条特定的成功之路。

我们更需要看到每个孩子都是独一无二的，并且拥有独特的潜能，可以与这个世界分享。千篇一律的教育使每个人都被流水线打磨成同一种模样，它并不能很好地为孩子服务，也不能帮助孩子培养能力。

鼓励孩子多发展兴趣爱好，包括支持孩子的优势潜能。如果孩子数学很糟糕，但是足球踢得很好，你是鼓励孩子坚持足球练习还是劝说孩子放弃足球，把时间都花在数学补习上？这个问题没有唯一的答案，但是想要培养一个能够自我驱动的孩子，父母就不能粗暴地对待孩子的兴趣爱好。让孩子继续在足球领域学习，会让孩子相信他的付出是有价值的，他的爱好是有意义的，会让孩子产生自主学习的动力。如果一个孩子喜欢足球，并且想提高自己的足球水平，他同样需要刻苦练习、加强训练，这样的能力是可以迁移到其他领域的，但前提是孩子得先有机会体验获取成就感的过程。

4. 从现在开始，保持和孩子的情感交流，持续给予孩子所需的耐心和关注。

联结、归属、依恋、亲密、关联，家庭需要给孩子提供这样的心灵土壤，这意味着我们和孩子要有稳定的情感交流。我们要让孩子拥有健康、积极、有安全感的成长环境，不要过度安排孩子的生活。

此外，我们要帮助孩子解决可能出现的情绪问题，持续给予孩子所需的耐心和关注，这些都可以让孩子找到更多如何让自己自信、自主并且相信自己是有价值的方式。

我一直在想，自驱型养育与老子的《道德经》提出的"无为而治"理念一脉相承："道常无为而无不为。"每件事情、每个事物的活动都有自己的规律，或者说"道"。一切事物的活动都遵循一套自然法则，即有自己的"道"。万物千变万化，但"道"是其本质，而本质是不会变的。

自驱型养育关注孩子基本心理需求的构建，是因为父母对于孩子的动态发展持一个怎样的长期视角，基本上决定了他们会以怎样的姿态去介入孩子成长的过程。自驱型养育能够让父母更清楚地了解自己是谁、自己的孩子是谁，帮助孩子找到自己的优势，并且直面自己的弱点，去搭建发现自己潜能的桥梁。

在养育中，我们需要用顺应孩子天性的方式去激发孩子的自驱力。世界上没有两片一模一样的叶子，每个人的先天气质、天赋资质都不一样。唯有父母以孩子的个性成长为基本立足点，通过孩子的特长去挖掘孩子的优势、激发孩子的潜能，并构建一个更合适的养育模型，才能实现整个家庭的赋能，帮助孩子自驱型成长。

03 父母的自驱型养育准备

回到德西和瑞安的自我决定理论，我们将探究人类以下三种基本心理需求如何在养育中得以实现。

- 自主需求　　- 胜任需求　　- 归属需求

这本书为你准备了实现它们的工具。我将通过后续章节来引领大家探究自己的教养状态，从自驱型养育的角度提供五个维度，帮助父母构筑培养孩子自驱力的心灵土壤，让孩子可以获得对生活的控制感，找到自己的内部动机，并充分发展自己的潜能。

这五大维度包括亲密感、学习力、控制力、抗挫力和成就感。下面是孩子自驱力孵化的金字塔模型。

其中：

·**归属需求：**亲密感，对应的是亲子依恋关系，孩子需要先从亲子关系中获得足够的情感联结和身份认同。

·**胜任需求：**学习力和控制力，共同组成学龄前和学龄儿童自身要具备的基础能力，这是孩子能把一件事情做好的前提。

·**自主需求：**抗挫力和成就感，是孩子自我驱动成长的持久动力，是孩子能否持续做一件事情的关键。

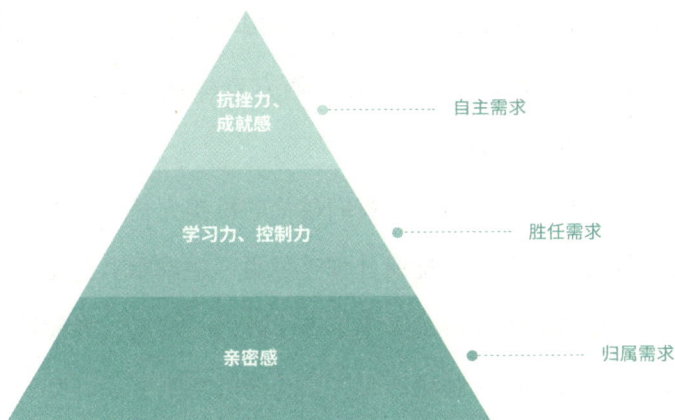

自驱力孵化的金字塔模型

本书会分五个章节来具体讲述这五大维度。

在"亲密感"章节里，我们将直面原生家庭对自己组建的新家庭关系的影响。如何去看待自己跟父母的依恋关系，对应着自己与孩子的依恋关系，关系着我们会成为怎样的父母。只有学会如何与原生家庭带给自己的影响共处，我们才更容易与孩子建立健康的依恋关系，以及拥有更科学的养育方式。

在"学习力"章节里，我们集中讨论孩子有效的学习方式，如何让孩子进入主动学习的状态，如何让孩子保持高效、科学的学习模式。学习能力不单单决定孩子的成绩，更是新时代必备的关键能力，为此孩子可以在童年打好基础。

在"控制力"章节里，我们讨论如何更好地教导孩子提高自我控制力，这也是很多父母在教养过程中遇到的最大难题之一。自律的孩子拥有强大的自驱力，因为自驱力是孩子满足自我欲求的内部动力，它能让孩子更有目标感，具备更强意志力、执行力和控制力。

在"抗挫力"章节里，我们讨论的抗挫力是一个人在追求目标的同时，能否接受批评且越挫越勇、迎难而上的能力。实际上，坚毅和韧性并不是天生不可更改的。相反，各种科学数据都表明，我们的大脑比许多人认为的都更具有适应性。

在"成就感"章节里，我们主要聚焦在如何让孩子从小爱上学习，积累学业上的成就感。如果把人生的成长之旅比喻成一段行车旅途，那么这一章节就是给孩子提供马达和导航，让孩子的人生有方向，自己能掌舵。

现在，我正式邀请你走进自驱型养育的世界，一起科学、有效地培养孩子的自驱力，让每个孩子的天性和潜能都能得到释放。

我有信心可以帮助你点亮孩子的自我驱动之旅，让孩子成为最好的自己。本书的方法均有科学依据，目的是充分发挥孩子的个人潜能，同时构建良好的亲子关系，让父母和孩子都能真实而积极地共同成长。

从自驱型养育出发，身体力行，父母自然会获得：

第一，成为更高效的父母、更高效的自己，因为你在运用自己的内在优势。

第二，为孩子树立榜样，帮助他们学会自驱成长、积极成长。

第三，使你与你爱的人建立一种良好的关系。

一旦你看到了孩子的潜能，学会因材施教，你就会感受到自驱型养育的显著效果。

任何时候关注自驱型养育都不晚，你可以从现在开始。

第二章

亲密感，让你和孩子
足够亲密

测一测 **依恋模式决定你对待孩子的态度**

❶ 你能记起多少童年往事？

❷ 说到"童年"这个词，你的脑海中立刻浮现出的五
个画面是什么呢？

_____

_____

_____

_____

_____

_____

_____

_____

❸ 你可以尝试快速地写出来你脑海中第一时间出现的
故事。

_____

_____

_____

_____

_____

_____

_____

_____

完成上面的题目，答案有没有让你大吃一惊？

成人对童年的记忆不会保留太多，但在你脑海中，会不会保留着多个跟家人之间的画面？你或许会记得你的爸爸妈妈、你的其他长辈亲戚，以及你跟他们之间发生过的事情。

如果这些画面里藏着某些不愉快的瞬间，你会不会发现，你与孩子的相处模式似乎在复制你幼年时与父母相处的模式？事实上，在我们的童年时期，我们与父母建立的互动模式以及互动质量会成为一颗种子，在我们心中悄无声息地生根发芽，潜移默化地影响着我们教养子女的方式，影响着我们与孩子的身心发展。

01 孩子为什么没有安全感

什么是依恋关系？

从心理学的角度来看，依恋是一种随着时间的推移，将一个人与另一个人联系起来的纽带。

当你和你的主要照顾者之间产生关系的时候，我们就称之为依恋关系。"依恋理论"是 20 世纪心理学家提出的概念，他们认识到婴儿天生就需要心理上的满足。在生命的最初几周，新生儿并不会辨认他们的母亲，但是几周后，婴儿可以区分不同的面孔，识别母亲或其他照顾者。如果照顾他们的人不在附近，婴儿会表现出痛苦，这就是依恋的开始。

依恋关系的好坏直接塑造了孩子成长的心理内核。通俗地说，就是从小在孩子心里种下了一系列认知：

· 我的爸爸妈妈爱我吗？

· 我的爸爸妈妈在乎我吗？

· 我是重要的吗？

· 我是安全的吗？

· 我能大胆去探索吗？

· 当我遇到了难题，他们还会支持我吗？

这些认知在孩子还是婴儿时通过跟家长的互动开始形成，并伴随孩子一生，如本能反应般藏在孩子的内心深处。当孩子慢慢长大时，这些认知会影响他们的学习能力、升学就业、社交关系、个人选择、婚姻关系等。

大量的研究报告表明，如果孩子成长在有良好亲子互动关系的家庭中，孩子的大脑会发育得更好，拥有强烈的好奇心和探索行为，以及良好的自主感和控制能力，学习知识和掌握技能都会更胜一筹；反之，如果在早期成长阶段，亲子互动质量差的情形一直持续，孩子的大脑会遭受负面影响，最终引发孩子的某些症状，比如学习能力弱，情绪管理能力差，控制能力差，无法参与社交和信任他人等，同时也更容易引发孩子成长过程中的健康隐患，如过度肥胖、患上免疫系统方面的疾病等。

没错，童年时期形成的亲子关系塑造了我们的人格底色。

四种依恋关系类型

美国发展心理学家玛丽·安斯沃斯以"陌生情境"为背景，对现实中的依恋关系进行分类，并观察它们对孩子的长期影响。她在实验室里建了一个游戏室，观察孩子们在陌生环境下的反应。孩子们带着母亲进入，然后开始玩玩具。开始时，他们的母亲会坐在椅子上看着孩子玩，几分钟后，一个陌生人走进房间。这时母亲会离开房间，让孩子独自和陌生人在一起。

在通常情况下，孩子们会开始哭，即使陌生人试图让他们平静下来也是没有用的。几分钟后，母亲会重新进入房间。安斯沃斯通过此时孩子们看到母亲再次出现时的反应来判断母子间的依恋方式。

在长期的研究中，安斯沃斯得出了四种不同的依恋类型，对父母和孩子之间的关系进行分类。

1. 安全依恋。

若母亲在场，安全依恋型的孩子会独自探索；若母亲离开，孩子会表现出不安，但当母亲返回的时候，孩子会很高兴再次见到他们的母亲，并且很容易平静下来。有母亲在场时，这类孩子对陌生人会表现得更随和、更大方。

2. 回避型的不安全依恋。

无论母亲在场与否，对孩子的行为影响都不大。母亲离开时，孩子没有表现出分离焦虑，而当母亲想主动引起孩子注意时，孩子依然表现出疏离和冷漠。实际上，在这种情况下，孩子并没有对父母形成真正的依恋。

3. 矛盾型的不安全依恋。

孩子一方面表现出对父母的黏人和依赖行为，似乎离不开父母，但当父母试图回应时，孩子又会拒绝父母的参与，会反抗，会生气。处于矛盾型不安全依恋关系下的孩子对陌生人相当戒备，无论有没有母亲在场都无法放松。

4. 混乱型的不安全依恋。

孩子同时表现出回避型和矛盾型不安全依恋的特征。当母亲回来的时候，孩子会表现出不知所措的举止，表情看起来比较迷茫，情绪也比较低落，会尝试躲开母亲的目光。当母亲试图安抚孩子时，孩子会大哭或做出奇怪的举动。

研究早期孩子与父母的依恋关系，主要是帮助我们更好地理解孩子的安全感是如何一步一步建立起来的。举个例子，如果孩子的生活环境长期得到父母及时、积极的回应，父母愿意跟孩子一起做相同的事情，为孩子的活动提供情绪支持，并经常激励孩子，那么孩子就更容易对父母形成安全依恋，孩子的安全感也会更积极地建立起来；与之相反，如果父母对孩子的表现不敏感，经常忽视孩子的信号和暗示，又或者对孩子刺激过度，给孩子强行制造很多并不是孩子想要的需求，就很容易让孩子烦恼不已，安全感的建立就会比较困难。

**自查表：识别孩子安全依恋的发展
处在安全依恋关系下的孩子的阶段性特征**

在 0 ～ 3 个月，你的孩子应该：

☐ 眼睛喜欢跟随移动的物体或有明亮颜色的物体，并做出反应。

☐ 听见声音时，会把头和眼睛转向声音的来源。

☐ 喜欢看人们的面孔。

☐ 当你微笑的时候，他也会微笑。

在 3 ～ 6 个月，你的孩子应该：

☐ 在你轻轻挠他痒痒的时候，他会表现得很快乐。

☐ 发出咕噜声或哭声，表示他感到很幸福或者不高兴。

☐ 玩游戏的时候经常微笑。

在 6 ～ 10 个月，你的孩子应该：

☐ 与你互动时，面部表情和声音都很丰富，比如微笑、咯咯笑或者咿咿呀呀。

☐ 与你有俏皮的交流。

☐ 会用手势和微笑表达自己的回应。

在 10 ～ 18 个月，你的孩子应该：

☐ 和你一起玩游戏，比如躲猫猫或拍拍手。

☐ 会发出 ma、ba、na、da 和 ga 等声音。

☐ 会运用不同的手势，并且会指向明确的方向，表达自己想要什么东西或想做什么。

☐ 听得懂别人喊自己的名字。

在 18 ～ 20 个月，你的孩子应该：

☐ 能够识别并理解至少 10 个词语。

☐ 使用至少 4 个词或短语的辅音，如 b、d、m、n、p、t。

☐ 能混合使用词语和手势来表达需求，比如指向某些东西。

☐ 喜欢玩简单的"过家家"游戏，比如抱着洋娃娃或毛绒公仔假装喂它们吃饭、喝水。

☐ 对身体部位很感兴趣，经常拿自己的身体和大人的做比较。

第二章 亲密感，让你和孩子足够亲密

在 2 岁时，你的孩子应该:

☐ 能够识别并理解至少 50 个词语。

☐ 能够组合两个或多个词语表达自己的意思，比如"想要牛奶"或"更多的饼干"。

☐ "过家家"游戏的模仿能力更高了，比如假装给毛绒公仔喂饭，然后把它放在婴儿车里。

☐ 对于玩具，会有自己的兴趣和想法。

☐ 会主动掀枕头、开抽屉等找自己想要的东西，或者去别的房间里找熟悉的大人。

在 3 岁时，你的孩子应该:

☐ 能够将思想和行动联系在一起，比如困了想要毯子，或饿了想喝酸奶，然后去开冰箱。

☐ 喜欢和其他孩子一起玩耍或聊天。

☐ 会表达自己的感受、想法和兴趣，并且爱运用时间、名词来表达。

☐ 懂得回答简单的问题，比如"是谁""干什么""是什么时候"等。

☐ 各种情景玩具和角色扮演玩具，比如玩具小屋、医生玩具套装等都能让孩子百玩不厌。

注意: 如果孩子长时间未表现出上面所说的阶段性特征，父母要及早告诉儿科医生。

02 孩子的亲密感从哪里来

非语言沟通的整体质量

　　和孩子建立并发展一种安全的依恋关系，让孩子拥有安全感的童年，并不需要父母成为完美父母。事实上，哈佛医学院儿科学、神经科学教授查尔斯·纳尔逊在 2000 年的研究表明，孩子和父母之间关系的发展，最重要的因素并不是物质环境，也不是教育资金，而是父母和孩子之间非语言沟通的整体质量。

　　科学研究指出，很多时候，童年的经历的确会影响我们养育孩子的方式，但我们在养育中对自己的要求能让之前养育孩子的方式发生变化。因为能预测我们将使用哪种养育模式的并不是过去的关系，而是一直潜伏在我们心底的伤痛以及我们对过去发生的事情的应对方式，预示着我们将会成为怎样的父母。当我们愿意去正视这些经历，学习更多的养育方式时，我们就可以改善自己与孩子的依恋关系。

父母要善于开发面对孩子的非语言沟通技能。人的大脑发育要到 20 多岁才算成熟，并终生持续发生变化，因此任何时候开始重视非语言沟通的整体质量都有利于发展或改善你和孩子之间的依恋关系。

与孩子建立、发展安全依恋关系不等于溺爱，不是给孩子提供最舒适的住房、最优质的营养、最好的教育资源，或者给孩子各种礼物就可以创造这层关系。孩子更需要的是能跟家人进行良性的非语言情感交流，使孩子感到被理解、有安全感和被爱。

"非语言情感交流"是美国语言学家艾伯特·梅瑞宾提出的概念。梅瑞宾经过一系列研究发现，在面对面的交流中，55% 的情感内容是由非语言暗示的，比如面部表情、姿势、手势、体态、眼神等，38% 的内容由声调表达，只有 7% 的内容是由语言说出来的。这意味着，如果你的神情和姿势是非常平静和舒缓的，就能很好地安抚你的孩子。

适合父母和孩子实践的非语言情感交流有以下这些具体做法：

1. 目光接触。

在亲子沟通的过程中，保持目光接触有着相当重要的作用。如果你亲切地看着孩子，孩子就能感受到这种非语言信号传达的积极情绪，他会因此感到安全、轻松和快乐；相反，如果你感到沮丧，充满压力或者将注意力放在别的地方，你就可能不会跟孩子有眼神的交流，孩子同时会感受到你低落的情绪。

2. 面部表情。

即使你不说一句话，你的面部表情也可以表达出无数的情绪。如果你的表情是平静的，孩子就会感到很安全；但如果你的表情看起来痛苦、愤怒、担心、悲伤或恐惧，孩子就会接收到这些负面情绪，从而感到压力、不安全和害怕。

3. 声音。

即使孩子太小，还听不懂你说的话，他也可以区分出你的声音是严厉的还是温柔的，所以，记得你的声音所传递出来的基调要与你的情绪相符。

4. 触摸。

你触摸孩子的方式也可以传递你的情绪状态，比如温暖的拥抱，手臂温和的触感、力度等，都可以传达出你此时是细心、平静、柔软、轻松的，还是心烦、愤怒的。

> **5. 肢体语言。**
>
> 肢体语言同样可以传达出大量的信息，比如和孩子聊天时，你将手臂交叉抱在胸前，或者昂着头，孩子会感觉到你是拒绝接纳他或对他不感兴趣的；相反，如果你的坐姿很放松，并且身体倾向孩子，孩子就会感受到你的亲近。

非语言沟通对于孩子非常重要，尤其在具体的环境中往往表达了特定的含义。比如孩子做了一件自己觉得很了不起的事情，很希望得到妈妈的认可，这时如果你单纯地用语言对他说："孩子，你真棒！"孩子也会很高兴，但如果你运用非语言的方式与孩子沟通，比如蹲下身来拥抱他，并且看着他的眼睛说："孩子，你真棒！"这样，孩子的快乐将会加倍，因为他从多个方面感受到了妈妈对他的肯定和鼓励。因此和孩子沟通不能仅用言语的方式，还需要非语言沟通。非语言沟通很有力量，但需要我们通过不断的练习将它转变成一项熟练的技能，优化我们和孩子的关系，促进亲子之间的联结。

在自己身上看到父母的影子

加州大学伯克利分校使用调查问卷来分析和确定成人的依恋方式，其中一个题目是：当你回忆起童年的时候，你脑海中这个题目使人思考的是你童年时的依恋指数有多高。我们在成长早期形成的父母与孩子的依恋关系会一直持续下去，这些童年的依恋形式以及它的特点，在我们成年以后依然会显示出来。依恋关系的研究对父母来说尤其有用，因为我们经常会把与自己父母的依恋方式用在孩子身上。父母面临的问题通常不是缺乏爱，而是不愿面对自己。我们往往会在潜意识中模仿父母的行为。当我们没有办法反思自己与父母的经历时，就会不自觉地被童年经历影响我们的育儿方式。

如果把内心比作一个杯子，当一个人的目光总是投向外部时，自然很难觉察杯子的内部是否出现裂纹，杯里的爱意是否丰盈。可当我们开始关注自己的内在，不断修补杯子的裂纹，为心灵续杯，爱自己、照顾好自己之后，我们的内心之杯就能充满力量，我们会感觉到富足、快乐、幸福，孩子也能感受到父母的力量和爱意；反过来，当我们的内心之杯有所枯竭，自己的力量尚且不足时，又如何去给孩子的心灵"续杯"呢？

练习 / 10 个问题让你更了解父母

作为成年人，我们很少向自己的父母提出比较私密的问题，也许是因为我们怯于接近父母，也许是我们根本没有时间去了解他们，所以我列出了以下 10 个问题来帮助你了解自己的父母。不妨今天就试试向父母提问，采访一下父母。

❶ 妈妈 / 爸爸，您更关注孩子成长的哪些方面？

❷ 您为什么选择和我父亲 / 母亲在一起？

❸ 您觉得我在哪些方面像您？您如何看待这些相似之处？

❹ 在您那么多子女中，您最喜欢哪个孩子？（适合有多个孩子的家庭）

❺ 有没有什么您一直想告诉我，却从来没有告诉我的事情？

❻ 您觉得现在这一代人养育孩子和过去相比是更容易还是更困难？

❼ 面对您的父母，有没有什么事情是让您感到遗憾的？

❽ 我现在能为您做的最好的事情是什么？

❾ 您觉得我哪些方面不像您？您如何看待这些不同之处？

❿ 在几十年的岁月里，您从什么时候开始意识到自己不再是孩子了？

　　这些问题既适合自问自答，也适合向你的父母提问，更适合鼓励你的孩子向你提问。它们会帮助你打开心扉，去尝试了解自己，了解自己的父母。

　　只有我们先充分接纳自己，才能做到平和而不惧。举个例子，孩子必须学会理解自己的情绪，才能知道在不同的情况下如何表现自己。当父母无法正确面对和处理自己的情绪时，就很难教会孩子理解自己的情绪，因此父母必须了解自己，才能更好地抚养孩子。

孩子就是一面镜子，可以直观展示成年人不想被他人所知的弱点。如果我们总觉得自己是牺牲者，或者嫉妒别人的生活，又或者喜欢控制别人，那么这种潜意识的行为可能会投射到孩子身上；如果我们无法缓解担忧，总是保持焦虑，那么也许很难做到跟孩子进行平和的沟通。

时不时回顾一下自己之前对孩子的养育方式，看看自己身上是否存在自己父母的影子，这些影子实际上都会影响我们现在抚养孩子的方式。你对育儿的态度，对你的育儿方式会产生很大的影响。

03 修复你和孩子的紧张关系

不需要成为完美的父母

　　成为孩子心中的榜样或者想要效仿令人尊重的父母，并不意味着你需要成为一个完美的人。希望自己成为"无所不能"的父母，这种想法本身就是错误的。你需要知道的是，假设的完美父母会让孩子在将来的生活中更为失望，因为我们的现实生活是不会满足每个人的全部需要的。在现代社会中，每个人都会有感到疲倦、压力大和心事重重的时候，这意味着我们不能总是做出适当的反应，也不能总是及时地接受孩子给我们的所有暗示。我们可能会在养育孩子的过程中出现错误的行为，让我们在事后自责、懊恼、后悔，觉得对不住孩子。

实际上，依恋关系的建立并不会因为父母一犯错误就夭折，自驱型养育的理念是要我们先愿意去接纳，才能有向下一步发展的可能。我们强调的接纳，包括接纳不完美的自己、接纳会犯错的自己、接纳矛盾的关系。唯有先学习接纳，才能帮助我们思考下一步怎么做。

完美的养育方式并不存在，学习如何在犯错误后积极修复关系更重要。父母犯错时，不要忽视错误，也不要假装任何错误都没发生。只要你愿意改正错误，犯错误可能是一个改善与孩子关系的机会。事实上，修复关系比完全避免关系的破裂更有益。

那么要如何修复你和孩子的关系裂缝呢？在犯错误的时候，父母要表现出该有的谦逊和担当，及时道歉和承认错误，并以身作则教会孩子如何看待问题，避免下一次可能出现同样的问题。这才是为人父母给孩子上的更重要的一课。比如孩子被班上其他同学欺负了，你可能下意识说出的第一句话是："你做错了什么，才让别人不喜欢你？"这句话其实带着很大的偏见，孩子听起来会很不舒服，于是你们爆发了一场争吵。事后当你冷静下来时，会意识到自己的错误。孩子被班上其他同学欺负了，合理的做法应该是倾听孩子对事件经过的描述，而不是武断地做出结论。这个时候，你就应该毫不犹豫去找孩子，为你的行为道歉，以及跟孩子一起做一些有趣或感觉舒服的事情，直到孩子完全平静下来，愿意重新修复和你的关系。这种主动修复与孩子关系的行为是很有益处的，因为你将教会他一个道理：健康的亲子关系中也会发生争吵，成人也会有做得不妥当的地方，但相爱的人会一起面对困难和冲突，真诚地想办法克服困难。

坏的行为是什么呢？是假装一切不愉快的事情都不存在。明知道自己行为不妥当也不愿意去面对，即便孩子感到委屈，父母也只会下意识认为"这点指责算什么""这有什么好哭的"，甚至告诉孩子应该去克制恐惧或者悲伤的情绪，保持微笑才对。然而，这些行为往往会让孩子认为只有通过微笑或者隐藏悲伤的方式才能亲近家人。

忽视关系的破裂，只会让孩子认为表达他们的需要是错误的。想象一下，在逃避恐惧、悲伤和愤怒的同时，谁又能体会真正的生活呢？因此，不要担心成为不完美的父母！相反，我们应该关注和直面错误，积极修复和孩子的关系，这样才能让孩子更抗压。

爱的五种语言

依恋理论不仅适合孩子，也同样适合成人。你要明白一句话：一旦我们意识到自己的弱点，就可以努力纠正它们。无论是什么引起你的恐慌，都不妨碍你承认自己的不安全感。允许自己有这些不安全感，并且知道你在做正确的事情，你才能顺利和别人建立良好的情感联结。

美国婚姻家庭辅导专家盖瑞·查普曼曾经说过："在每个人心里，都有一个储藏爱的箱子，等待着被爱填满。"当储藏箱被爱填满的时候，我们就会感到愉快和高兴；相反，当储藏爱的箱子空了的时候，我们就会感到沮丧和难过。不过，每个人对爱的需求和解读是不一样的，当我们给予孩子的爱不是孩子想要的爱时，误解、埋怨和隔阂就会出现，孩子会因为渴求将"空箱子"填满而出现很多被我们视为乱发脾气和无理取闹的行为。

如何去爱是一种能力，它不仅要求我们付出爱，还要求我们去理解孩子，付出孩子真正想要得到的爱。只有觉察到这一点，我们距离与孩子建立亲密无间的依恋关系才能更近一步。多给孩子肯定的回应，多在生活中制造一些难忘的时刻，为孩子准备一些有特殊意义的礼物，多跟孩子拥抱，表达你对孩子的爱意，这些都可以填满孩子储藏爱的箱子，让孩子感受到父母真诚的爱意。

从小处做起，鼓励自己在一天中与孩子保持 15 ～ 30 分钟的亲密接触。是的，只需要花 15 ～ 30 分钟去看看孩子、观察孩子，就能够帮助你更好地了解孩子的需求。这个做法已经足以修复亲子关系中的许多不平衡。

　　如果你因为这样做不舒服而感到惊慌失措，忽视了孩子的需要，不要自责。养育孩子是一个过程，当你纠正了一个错误的做法时，你就在育儿的道路上取得了进展。一个能够鼓励孩子诚实表达情感的爸爸或者妈妈，也同样能够在培养孩子独立能力和给予他们所需的情感需求间取得平衡。这也是自驱型养育在亲子依恋关系方面需要的接纳与和谐。孩子从中所获得的亲密感会成为他学会自我驱动成长而一生受益的安全地基。

第三章

学习力，让孩子发挥学习潜能

测一测 / 以下关于学习态度的观点，你是否赞同

以下关于学习态度的观点，你是否赞同？请在你赞同的选项前面打钩。

☐ 学习就是一件苦差事，少壮不努力，老大徒伤悲。

☐ 孩子小时候考多少分不重要，重要的是人品是否健全。

☐ 孩子爱偷懒，学习动力也不足，不抓紧、不监督就学不好。

☐ 学习可以很快乐，学得有意义、有收获就好。

如果你对学习态度还有其他看法，可以补充在下面横线处：

_____

_____

_____

_____

回顾我们的小学时代，无论是在作文里还是在父母、老师的教导里，两句标语式的口号肯定少不了，那就是"书山有路勤为径，学海无涯苦作舟"，以及"头悬梁锥刺股"。虽然它们多少都揭示了一些学习的道理，但当中的"苦"好像给学习定了性——学习是一件苦差事。

如果学习真的是一件很苦的事，那么那些搞科研的学术人员岂不是一辈子都活在痛苦里？

01 孩子都有独特的智能类型

多元智能理论

哈佛大学前任校长尼尔·鲁登斯坦说："从来没有一个时代，像今天这样需要不断地、随时随地地、快速高效地学习。那种依靠在学校时学到的知识就可以应付一切的时代，已经一去不复返了。"

哈佛商学院工商管理系的 W.C. 柯比教授也认为，唯有学习力，才能让孩子真正提高学习效率，成为学习的主人。他提出了"学习力"这个概念，认为以传统的方法去学习是一个迅速减值的过程，而以学习力去获取知识则是不断增值的过程。

实现终身自驱型成长，需要父母以兴趣激发孩子的学习力。这里面有一个很重要的部分——帮助孩子了解自己的能力特点和水平，以及在不同年龄、不同阶段的基本标准等，这些东西都能够为自驱型养育提供一些辅助工具。

要了解这些，我们需要先认识一个很重要的理论基础——"多元智能理论"。

1983 年，美国哈佛大学教育研究院心理发展学家霍华德·加德纳提出了"多元智能理论"。该理论支持每个人都拥有独一无二的天赋和能力。如果以计算机来比喻人类的大脑，传统心理学对孩子智力的判断主要集中在良好（高智商）、一般（正常智商）或较差（低智商），但在加德纳的多元智能理论下，每个人都能拥有几台相对独立的计算机。一台计算机的优势并不能代表其他计算机的优势，劣势亦然，比如一个人可能在空间智能上水平很高，但这个人不一定在音乐智能或者人际智能方面也是高水平。

在加德纳的研究中，人类的智能至少有八类：像数学家和科学家会明显具备逻辑 - 数学智能，更擅长运算、逻辑和推理；像飞行员、建筑师、象棋选手会明显具备空间智能，空间思维能力更清晰；像诗人会明显具备语言智能，更擅长语言演绎以及抑扬顿挫的表达等；像舞者会明显具备身体动觉智能，知道如何更好地使用身体来表达想要表达的内容；像外交官、协调员会明显具备人际智能，能与人进行有效沟通；像指挥家、钢琴家会明显具备音乐智能，对音乐创作、演唱、乐器演奏有更高的表达能力；像自然学家会明显具备自然智能，能更好地对不同的植物与生物进行辨别、分类。而自我认知智能则不局限于特定的职业，当一个人知道如何做重要的决定，并且能够制订计划、开展行动时，就会产生这种能力。

在很多方面，多元智能似乎是孩子在童年时期具备的一种特殊天赋。当我们观察孩子时，我们很容易看到他们在生活中运用自己的多种智能。很多亲子和早教活动在早期都给我们提供了一个巨大的窗口，我们只需要平和、积极地去留意孩子展示出的特点，让孩子积极开拓兴趣爱好。观察孩子在不同兴趣爱好中的行为特点是一个很重要的判断标准。同时，我们要让孩子去接触哲学书籍和与大自然相关的读物，看看孩子花在哪方面的时间更多，还可以观察孩子更喜欢玩建构游戏还是玩角色扮演游戏。在自然、轻松、自由的状态下，孩子能够全身心地投入其中，这时你往往就能观察到孩子的智能特点。

生活中的养育和事件场景也可以反映出孩子的智能类型。举个例子，一对夫妻在孩子面前为让孩子读哪所学校而争执不休。一个在社交智能方面没那么敏感的孩子可能只会认为："我爸爸妈妈又因为给我选学校的事情吵架了。"但一个具有超强社交智能的孩子就有可能往深处想一些，比如认为："爸爸妈妈已经不是第一次为这件事而争执不休了，他们并没有达成一致的结论。如果我表现得好一些，爸爸妈妈是不是就不会再吵架了呢？等爸爸妈妈有结论了，无论他们说什么，我都答应好了。"同理，如果家里有二胎或其他兄弟姐妹，一个具有超强社交智能的孩子反而比较容易对某些事产生强烈的反应，因为他总能很快捕捉到家庭中最细微的变化，会关注新出生的孩子获得了父母多少关注，以及父母的关注点发生了怎样的变化。

从我的角度来看，多元智能理论对我最大的启发是，它进一步强化了"每个孩子都是独一无二"的理念，每个人都具备对社会有用的才能，单一的衡量标准（流水线生产方式，或者传统智力测评）并不能够决定孩子的未来和方向。一个背乘法口诀表快的孩子并不一定比背乘法表慢的孩子聪明，甚至背得慢的孩子可能比背得快的孩子更聪明，因为他的数学逻辑推理能力可能比背得快的孩子要高。对每一个关注孩子成长的家长和老师来说，重要的是我们仍然可以通过多元化的教学引导和启蒙方法来激活孩子的一系列智能。

你可能会对比这些智能类型来分析自己的孩子属于什么类型。你可能会猜测如果一个孩子拥有高水平的身体动觉智能，他将来会不会成为一名优秀的运动员；又或者一个具有超强社交智能的孩子，以后会不会成为一个外交官。但这些都是不确定的。多元智能理论并不决定孩子的未来发展方向，它只是代表孩子可能在某个领域有天赋。

多元智能理论为我们提供了一个可以参考的框架，这个理论能帮助我们了解孩子更擅长哪种方式的学习、哪些是孩子的潜在能力，从而使孩子在学习上更加游刃有余。此外，多元智能理论支持孩子的智能领域是可以开发的这一观点，如果你想重点帮助孩子提高数学逻辑能力，那么在早期让孩子多接触一些拼图和脑筋急转弯游戏，对开发孩子这方面的能力是有帮助的。

02 先天天赋和后天努力

当我们了解了孩子的很多"特殊技能"之后，你会不会对孩子的未来有很多的期待，觉得孩子在某个领域一定会取得成功？实际上多元智能理论并不会预知孩子的未来。一个很有天赋的孩子，一样可能在未来平平无奇；一个看起来资质普通的孩子，一样可以在未来发光发热。成长环境和后天因素对孩子未来的发展至关重要。

个人天赋的差异有时候的确会让孩子很难理解。有些孩子花了几个小时才背熟一首钢琴曲的谱子，而有些孩子只需要背三遍就可以把密密麻麻得像蝌蚪一样的音符记在脑中；有些孩子在自己的第一场演讲比赛中就获得了全场观众的掌声，有些孩子却始终不敢登上舞台朗诵一首诗歌。当看着孩子为了实现目标而付出了很多努力，收获却不一定比别的同龄人多的时候，作为父母，心里可能会百感交集。

即便父母发现了孩子在某一方面具有"开挂"的能力，也可能会因为孩子的能力无法全面发展而陷入焦虑。看着孩子明明在视觉空间领域很擅长，却在逻辑数学方面表现得非常糟糕；看着孩子在足球比赛中获奖，就希望孩子同样能在学校的合唱表演中收获掌声。如果孩子的能力发展并不如父母期待的那般全面开花，父母可能会感觉到沮丧，孩子也可能会有同样的沮丧，会对自己的劣势领域表示反感，甚至本能地逃避自己的弱点，只停留在自己的舒适区，不敢迈出去。

学会刻意练习

让孩子把注意力的焦点从关注天赋转移到关注努力，是一个有效的办法。努力是有利于孩子真正实现梦想的路径，我们需要让孩子体验努力的过程，来帮助孩子巩固这种认知。美国认知心理学家安德斯·艾里克森花了 30 年时间来研究那些在他们所从事的领域表现出众的人，试图去思考让他们变得出众的原因，最后提出了"刻意练习"的概念。他提倡的努力不是盲目的努力，而是涉及明确的具体目标以及有针对性提升的专业训练，从而带来的个人的持续进步。

刻意练习和常规练习在生活中的侧重点是不同的。从我的角度来看，了解刻意练习的概念，可以帮助我去优化孩子日常精进练习的思路。我家两个孩子都是琴童，5 岁开始学钢琴。我在陪伴他们学琴的路上如果用刻意练习和常规练习做区分的话，常规练习主要集中在知道钢琴如何学习、选择什么钢琴体系、持续练习以及请老师指导孩子学习等方面，但刻意练习除了常规练习方面的内容，还包括以下几点内容：

· 选择钢琴老师的标准之一，是能够给孩子设定具体的学琴目标，并制订有针对性的练习方法来帮助孩子持续改善钢琴弹奏技巧方面的问题。

· 观察孩子的日常学琴方式，和老师讨论并努力探索有助于孩子弹琴的方法，比如如果手形是孩子学琴的弱点，就要尽可能多地思考如何能帮助孩子有效解决手形问题。

· 鼓励孩子多看、多听、多沉淀，尽可能多地了解优秀的钢琴家，多看他们的演奏视频和曲目，平时多积累乐理知识，拓宽对音乐理解的广度和深度。

· 重视孩子心态、性格、专注力的培养，使孩子有意识地针对自己的弱点练习，了解自己的优势，认识自己的不足，能不断挑战自己，从而在钢琴领域持续进步。

· 让孩子多参加一些公开活动，比如同学之间的小型音乐会等，锻炼孩子的综合能力和临场反应能力，使孩子与钢琴的情感联结度更高，让孩子更有动力、持续地去学琴。

在很大程度上，刻意练习是对常规练习的实施细节的优化和重视。在这个刻意练习的过程中，实际上是在发挥家庭、学校 / 老师和孩子三方的能量，让孩子的学习最起码能达到 4 个效果。

1. 克服弱点。

每个人在技术需要精进的领域都会遇到挑战和困难，孩子需要知道自己的难点和问题是什么。

2. 学会专注。

刻意练习强调针对性的投入，让孩子学会如何专注思考、如何认真研究是很关键的步骤。

3. 及时反馈。

刻意练习强调对孩子日常一个个小学习状态的观察，通过和老师、学校的探讨，让孩子能够得到更多的支持，鼓励孩子找到在专业领域的学习中自己的优点和弱点是什么。

4. 掌握技能。

通过重复的、有目标性的练习和反馈，孩子能够得到持续的进步，这个进步又能帮助孩子迈出更大一步，然后一阶一阶往上攀登。

我也会思考在刻意练习的过程中，老师和家长分别是怎样的角色。帮助孩子找到适合自己的好老师，对孩子在专业领域里的沉淀和提升有更大的效果。遇到孩子学习过程中出现的问题，好老师也能帮助家长打开思路，制订合理的计划，引导孩子找到突破口。而对家长来说，也不能忽视自己的作用。如何引导孩子面对失败、挫折，分析自己的优点和弱点；如何鼓励孩子接触更多优秀的人，从别人的成功经历和事例中获取经验；如何与孩子分享自己的成长经验，鼓励孩子学会反思，使孩子期待成长。这些都相当关键。如果家里没有这个氛围，哪怕老师水平再高、再有方法，也不一定能帮助孩子突破学习的瓶颈。

保持同理心

孩子非常需要父母对他所遇到的挫折表现出同理心。很多孩子并没有经历过正确的挫折教育，没有体会过更深刻地认识失败和挫折的方式。当孩子遇到挫折时，他的心理可能会呈现两方面的状态。一方面，孩子会想：想做成一件事情既然如此艰难，那我之前所花费的时间和努力真的值得吗？另一方面，孩子会很沮丧。习惯了任务的容易模式，当任务突然变成挑战模式时，孩子不知道该以怎样的心情继续面对。这个时候的孩子很需要父母去告诉他，这件事情虽然很困难，但是父母能真切地感受到他内心的挣扎和难过。通过从父母身上感受到的信任和真诚，孩子才会有更大的动力往前走。

我们应该都熟悉一句古语，叫"己所不欲，勿施于人"，意思是自己不愿意接受的，不要强加到别人身上，这是我们人际交往定律中的"黄金法则"。它是个不错的建议，却不适用于当别人想要被区别对待的时候。

父母在面对孩子遇到的困难时，要记住同理心的诞生是基于另外一句古语："己欲立而立人，己欲达而达人。"用别人希望和需要的方式去对待他人，让对方有能站稳的能量。这是我们亲子关系中需要重视的"白金法则"。以下这三点建议可以帮助你了解孩子到底想要怎样的对待方式：

· **平和询问**。如果你想了解孩子发生了什么事情，那就跟他们聊聊，采用和孩子平和相处时的沟通基调。

· **尊重孩子**。如果孩子对你说的话或者做的事情感到不舒服，那就尊重他，别再这样做，要停下来思考到底孩子的需求是什么。

·**不要打骂**。大人心里有困惑和不解时，可以寻找其他人的帮助，但不要打骂孩子。

"白金法则"不需要你表现出严厉的态度，它是一种可以让你和孩子感到安全的方法，让孩子更自信，更愿意去跟你分享他的心事。这个做法并不意味着对孩子的所有行为妥协和屈服，也不意味着对孩子过度保护，而是需要父母在给孩子提供帮助的时候，先考虑孩子的感受和孩子面临的挑战。不妨试试将自己代入孩子的角色去思考他所面临的处境，重点了解孩子真正需要你做的是什么。

此外，孩子经常会在生活中通过他的非语言线索来暗示他的情绪状态，或者告诉你他遇到了什么困难，以及他正在努力想要解决什么问题，所以父母要保持对孩子非语言信号的敏感性，同时及时地询问孩子的感受和需求。那么在孩子发出需要帮助的信号时，父母能够第一时间接收到。父母越早介入孩子的困境，越能够更好地帮助孩子找到解决问题的方法。

同理心需要父母积极倾听，这意味着我们要全神贯注地聆听孩子说的话。当你积极倾听孩子的话语时，尝试用复述的方式来表达你的确认，比如"我可否这样认为，这是你要告诉我的事情，对吗？"你需要对孩子的观点和感受表示尊重。

不要总着急去解决孩子所有的问题，介入越急迫越容易陷入"过度养育"的困境（见第四章"控制力"03节）。如果孩子需要你的帮助，请保持和孩子的开放性讨论，以合作的态度而不是拯救的心态参与其中；如果孩子不需要你介入，那么就尊重孩子的意见，让孩子按照他的想法试试看。在这个过程中，父母需要始终保持开放的态度，观察孩子解决问题的办法。要记住，在孩子的成长过程中，父母和孩子是共同进步的。

家庭的良好匹配

父母对孩子的影响是深远且显著的。如果你本身是一名科研人员，你可能会拥有逻辑 – 数学智能。作为父母，即便你从来没有对孩子明示过什么，孩子也可能会把在学校考试中取得好成绩视为很重要的事情，因为孩子知道那是你看重的东西。但如果孩子喜欢的东西恰恰是你不重视的呢？比如一个很喜欢运动的孩子可能会更重视身体动觉，也可能他偏爱自然活动，哪怕是长时间观察一棵小草都会让孩子无比激动。这个时候，不要觉得孩子不重视父母提供的建议，又或者认定孩子会因为探索大自然而荒废了学业，这些判断都太主观，而且经不起考验。

当孩子表现出和你本人不一样的特质时，你所要做的是思考什么样的教养方式能更好地匹配孩子的成长。我在《教养力》一书里提出的"先天气质"是孩子与生俱来的心理倾向；同样，在孩子成长过程中逐渐发展起来的特质也一样需要家庭提供"良好匹配"，反之，就是"不良匹配"。

要保证孩子的天赋和动机处于平衡状态。如果一个孩子有天赋又努力，那么要实现梦想和目标并不是一件难事；但对大部分孩子来说，天赋和动机并不完全处在一致的水平上。有时候，孩子可能对某件事情非常有激情，但是能力不足；有时候，孩子可能在某些事情上有天赋和特长，却没有强大的动力去坚持练习并巩固。自驱型养育便是为了解决这个问题，后面的章节会详细介绍。

"天才一小时"的重要性

给孩子时间来思考和沉淀，这段特殊的时间，现在被称为"天才一小时"。它是全球顶尖科技公司 Google 提出的概念。为了鼓励创新，Google 设立"天才一小时"，允许员工以 20% 的工作时间做一些与工作无关及自己感兴趣的事情。

Google 提出这个理念是因为相信每个人在做自己喜欢的事情时，效率和创造力都会很高。员工如果能体会到这种创意的火花，回到原本的工作岗位时，可能会有不一样的灵感诞生。

在 2020 年全球新冠肺炎疫情期间，随着学生在家学习时间的增加，这个理念蔓延到全球教育界，甚至被列入"2021 年的十大教育趋势之一"。

孩子同样需要"天才一小时"。给孩子的时间表腾出空格，让他们可以自由填满这段时间。刻意的留白能培养孩子的想象力和创造力，同时能培养孩子独立自主的能力。留白时间是对目前传统教育模式的一种创新性调整。在传统教育模式下，孩子的时间表永远都是密密麻麻的。孩子没有喘息的空间，大多只能接受父母和老师安排的学习，并没有机会自己做选择。通过设置留白时间，孩子能获得更大的自主权，可以自由选择做什么、学什么、玩什么，也可以选择什么都不做，只是休息和放空。

留白时间不包括孩子玩电子游戏或者刷短视频、看电视的时间。设置留白时间是为了让孩子找到自己感兴趣且有意义的事情。比如孩子喜欢写作，那么父母可以鼓励孩子在留白时间里尽情书写，无论是边画边写还是打开脑洞去创作，没有固定的标准，让孩子脱离课内作业的规范去创造自己的文学作品；如果孩子喜欢音乐，那么父母可以鼓励孩子在留白时间里研究作曲和音乐创意，让孩子去思考怎样才能把自己的想法通过音乐表达出来；如果孩子喜欢折纸，那么父母可以在留白时间里给孩子提供大量的卡纸，并给孩子买一些折纸创意类书籍，让孩子尽情研究纸的奥秘；如果孩子喜欢跳舞，那么父母可以鼓励孩子在留白时间里尽情享受舞蹈的快乐，让孩子自由自在地编舞，而不是重复课堂上的练习。

留白时间也是对孩子压力和焦虑的缓解。一个拥有留白时间的孩子会比一个时间表被排得密密麻麻的孩子拥有更多调适心理的机会，更能及时释放自己的压力，找到生活的平衡，这对孩子的成长至关重要。

要相信孩子的好奇心和探索欲。在留白时间里，在自己感兴趣且热爱的事情上，孩子会涂上更缤纷的色彩。孩子只有去拥抱自己的这层色彩，才会慢慢把这种体会转为内在的能力，让自己的综合实力更强。

03 处于焦虑困境的孩子

　　每个孩子在成长过程中都会遇到不一样的挑战和困难，焦虑是孩子成长过程中常见的情绪。有些孩子的焦虑期是短暂的，比如只持续几周或几个月。但也有孩子会在很长一段时间里，甚至长达数年的时间里都有焦虑的情绪（这种情况需要咨询医生和心理咨询师，排除是否有焦虑症情况，本书并不讨论病理层面的焦虑症）。孩子处在焦虑的状态时，会变得更为敏感。精神病学家朱迪斯·欧洛芙曾经描述过这种状态："这就像用 50 个手指而不是 10 个手指去感受某种东西。"

　　每个孩子都有不同的焦虑经历，父母了解孩子如何处理焦虑是很重要的，这将帮助你知道如何最好地支持孩子。下面两个例子是我想跟你分享的，是咨询过我的读者的亲身经历。

向内收，往外放

我有两个读者，两人的孩子年龄相近，都从去年秋天开始读公立小学三年级。凡是关注孩子学业的家长可能都听过"三年级现象"这个词。它指的是三年级是孩子小学阶段的重要转折点，很多孩子会在这个阶段出现成绩倒退、作业不会做、上课听不懂的情况，甚至有的孩子会因此而自暴自弃，出现叛逆和焦虑的状况。刚开学时，两个孩子同样在学业上遇到了挑战，回家后的表现却出现了明显的区别。

读者 A 跟我形容："我觉得孩子在学业上应该是遇到问题了，测试分数总是 C 或者 B，可是当我去询问可以如何帮助他时，他总会把我推开。就算我好脾气地去哄他，他也会拒绝甚至烦躁地离开，我不知道该怎么帮助孩子。"

读者 B 跟我形容："我能感觉到孩子非常焦虑。他每天都要一遍一遍地强调自己遇到了困难，但是当我鼓励他静下心来思考如何解决困难时，他又没办法专注思考。我知道他很焦虑，但我也只知道他很焦虑。"

如果同时有两个朋友跟你倾诉孩子遇到的相似困难，可是这两个孩子的行为表现截然相反，你会怎么想？会认为读者 A 是因为孩子和父母的亲子关系很糟糕，或者读者 B 是因为不知道如何面对孩子的焦虑所以感到很棘手吗？实际上，在这两个孩子分别进入三年级之前，无论是读者 A 还是读者 B，都跟孩子保持着亲密无间的关系，母子间的亲子关系是我们能大致想象得到的那种融洽。让她们无比苦恼的是，孩子怎么突然之间就"变得自己不认识了"呢？

当我们思考孩子在成长过程中的焦虑时，我们的确要观察家庭系统的变化，要充分思考和关注可能出现的因素，但同时，我们也需要去观察孩子从小到大对负面情绪的处理方式，特别是当孩子面对恐惧、焦虑、伤心和难过时，他习惯用哪种方式来表达自己的情绪。从这两个例子来看，读者 A 的孩子表达情绪的方式是向内收的，孩子习惯把负面情绪藏在心里，而读者 B 的孩子表达情绪的方式是往外放的，孩子觉得跟身边的人讨论这种负面情绪会让他感觉好一些。

如何区分孩子的情绪表达方式是向内收还是往外放呢？让我们在帮助孩子之前，先换位思考自己是怎样处理情绪的。当你在工作中遇到很大的挑战和困难时，或者你在人际关系中曾经受过伤害，比如在你年轻的时候结束一段恋爱关系时，你是怎样去和自己的沮丧、难过、悲伤的情绪相处的呢？

你会不会打电话给自己最好的朋友或家人，跟他说说你遇到的问题？你可能会在电话里向他倾诉，一边说，一边把自己的情绪倾倒出来；你可能会吐槽，会哭，会挣扎，会告诉对方你有多么难过和愤怒。在这个过程中，你会感到自己逐渐恢复了平静。朋友可能给了你具体的建议，或者什么都没说，只是表达了对你的理解和支持，但这个倾诉的过程已经足够让你平静，于是你挂掉了电话，觉得自己被人理解了。

又或者你会不会想要推掉一切安排和活动，只想把自己藏起来？突然的失联可能会让很多关心你的人询问你发生了什么事情、是否需要帮助。你可能心中有千万言语，但话到嘴边却只剩下"我没事""我只是有点忙""我不想讨论太多"这些简单的表达。你可能会有自己修复情绪的方法，夜深人静时想到自己受过的委屈蜷缩在被窝里哭泣，或者刷牙时看着镜子里的自己忍不住哭泣不已。不论如何，等过了一段时间后，你感觉自己的能量开始恢复，心情开始稳定后，你又开始接触身边亲密的人，甚至会告诉一些人你之前都经历了什么。你的分享会让你身边的亲人或者朋友在心疼你的同时，还会问你："为什么没有第一时间找我呢？"

如果你符合第一种情况，那么你处理负面情绪的方式是往外放的；如果你符合第二种情况，那么你处理负面情绪的方式是向内收的。很多时候，我们可能会在这两种情况之间切换，比如遇到相对容易处理的沮丧情绪，我们会往外放；但遇到人生中较大的挫折时，我们会选择向内收。

思考这种状态是怎样的，对我们理解孩子的负面情绪很重要。如果你不能想象为什么孩子会选择向内收或者往外放的方式，我们可能就没有办法真正理解孩子的处境，不知道孩子到底需要些什么。

当孩子的情绪向内收时

当一个孩子的情绪向内收时，要走进孩子的内心世界的确不是一件容易的事情。如果你感到手足无措，相信我，你并不孤单。当孩子对你表示抗拒的时候，继续追问孩子的烦恼或者遇到的问题是无济于事的，反而会把孩子推得更远。以下两种方法不妨记录下来，也许会帮助你取得跟孩子沟通的新进展。

方法一：调整讨论频道

适用于当孩子拒绝讨论或不愿深入话题，或者孩子被负面情绪包围，深陷其中时。

这种做法有利于孩子在遇到烦恼和困难的当下学会如何转换思路，从消极的状态调整为积极的状态，并有利于孩子学会如何适度放松，调整自己的情绪。

案例 1.（背景：孩子被负面情绪包围，深陷其中时）

孩子:"妈妈，我不想去学校！"

妈妈:"我知道了。"

孩子："妈妈，我不想去学校！"

妈妈："我知道了，你不想去学校。但我还准备跟你说说之后可以做什么呢……"

孩子："什么？之后做什么？"

妈妈："你还记得我们在学校报的机器人兴趣班吗？听说今天下午老师会送给每一个上课的孩子一个机器人模型。只要上课，都会有呢！"

孩子："啊，真的吗？机器人模型长什么样子呀？"

妈妈（拿出老师发的图片）："你看，漂亮吗？你上完今天的课，下午放学后就可以去机器人兴趣班了。"

案例 2.（背景：孩子拒绝讨论或不愿深入话题）

孩子："我不想跟你说话！"

妈妈："好，我感觉你相当生气，那你是希望我在旁边陪陪你呢，还是希望我先离开你房间让你独处一下？"

孩子："我想自己独处。"

妈妈："好的，那我先去书房看会儿书，需要我时就喊我。半个小时后，我们去客厅吃点水果如何，我那会儿叫你啊。"

此外，当孩子对你表示出抗拒时，给孩子讲一个包含寓意的童话故事，或者写一个小字条递给孩子，也是一个很合适的"调整频道"做法。给孩子一定的时间和空间，但不要完全切断自己对孩子的关注和关心。

方法二：分享相似的经历

适用于当孩子不知道该如何去解决问题，手足无措、陷入迷茫时。

这种做法有利于孩子通过倾听别人的做法，从而思考自己可以怎样去做。情绪向内收的孩子往往是思考型的孩子，他们对问题形成看法是需要时间沉淀的，所以当他听到处在相似困境中的人能有效解决问题时，会有助于他打开自己的思路。

最好的示范莫过于父母与孩子分享自己过去的相似经历。每个父母都曾经是孩子，经历过与孩子相似的烦恼。当我们愿意代入当时的状态，并且与孩子分享我们当时的心情、做法、思考和判断时，孩子便能从中获益。我们可以说说自己的亲身尝试和体验的过程，告诉孩子："我也会迷茫，但我真的去试了，并没有很糟糕。"父母的亲身经历可以成为孩子勇气的源泉。

我孩子之前对上台演讲特别紧张，家里谁多问一句关于演讲的事情，他都会炸毛。这个时候，我会像讲故事般跟孩子说："你也知道我曾经上过电视台做演讲。我跟你说，当时我上电视台演讲的时候，也是怕得不行。你看看回放就知道了。当我紧张的时候，语速就会越来越快。但我知道有一种方式可以让我没那么紧张，就是保持专注，专注在自己想表达的事情上。当我努力留意我想传递的内容，思考高度集中的时候，虽然我内心很紧张，但是外表上却看不大出来了。"

不要害怕和孩子分享大人的"糗事"，这不是坏事。通过不同角度的讨论，我们可以和孩子一起分析遇到的问题，能从过去的经验中学到什么，总结下一步可以做什么。在这样的过程中，我们才可以给予孩子正面的回应：紧张没有什么大不了的，我们可以面对它。

当然，除了亲身经历之外，相关主题的书籍、影片同样对孩子有帮助。鼓励孩子多观察别人的行为和经历，从而整理出自己解决问题的思路，这会让他觉得自己并不孤单。很多人都曾经像他一样手足无措过，而这是有办法解决的。

当孩子情绪往外放时

可能你经历过这样的时刻：孩子无时无刻不来找你诉说他的苦恼，喋喋不休，反反复复，他的口头禅是"妈妈，我很烦恼……""妈妈，我需要帮助……""妈妈，我很害怕……""妈妈，我不知道该怎么办……"。然而当你想要引导孩子放松下来或者与孩子一起更深入地探讨时，孩子又表现出心不在焉的样子。孩子似乎没有办法将注意力集中于如何解决问题这件事情上。他只是想获得你对他持久的关注，对你的建议并没有真正放在心上。

举个例子，有个读者跟我分享她上小学一年级的女儿和同学之间出现的矛盾。自己的女儿总跟自己吐槽有个女孩子对她不太好，给她取外号，还嘲笑她，她很生气也很苦恼。于是这个读者很生气地对自己的女儿提出建议："她给你起外号，要不你就提出反对，要不就不再跟那女孩子一起玩了。"可是读者却发现这些建议根本没用，女儿一如既往地跟那个女孩子做朋友。她们一起学习，一起吃饭，一起玩耍。女儿放学回到家后又继续吐槽那个女孩子对自己不好，自己受了委屈。当读者进一步问女儿"为什么要继续跟她做朋友"时，女儿很诧异地回答："都是同班同学，怎么可以说不做朋友就不做朋友呀。"当读者再进一步问女儿："你不喜欢别人给你取外号，那你为什么不提出你的反对？"女儿就回答说："我知道她不是恶意的，我们还是朋友嘛。"

遇到这种情况时，孩子应该怎么做呢？当一个孩子的情绪往外放的时候，他反而需要学习界限感。学会感知人与人之间的界限感可以帮助孩子去积累自我安抚的经验。当他们知道如何自我安抚时，他们对问题的看法和判断也会有所改变。

方法一：设定"倾诉时光"

适用于当孩子反复希望寻求你的帮助，但对你的建议又从未听进去过时；孩子反反复复出现同样的焦虑和述说同一个苦恼时。

焦虑的情绪有时候是没有尽头的，觉得自己成绩不如意，觉得别人对自己不好，这些都会让孩子记在心里，孩子会花很长的一段时间去反复念叨这件事情。当你发现孩子出现这样的行为时，不妨试试给孩子设定一段"倾诉时光"，因为孩子需要的仅仅是你的倾听和理解，并不是真的迫切地想解决问题。具体的操作步骤如下：

步骤一：先设定好哪一个时间段是孩子的"倾诉时光"，比如睡前半小时，或者晚饭后一小时。选择一个时间段，并设定具体的起始时间，比如倾诉时光是从晚上 8 点开始，到 8 点半结束，持续半个小时。不要少于 15 分钟，也不要超过 40 分钟。

步骤二：把"倾诉时光"的约定告诉孩子，并且表达你愿意倾听的态度。比如你可以尝试这么说："我知道你近期遇到了很多烦恼，我很想好好倾听你的苦恼，所以我觉得我们家可以设定一个秘密时间，也就是每天晚上 9 点到 9 点 20 分。在这段时间，你任何的烦恼都可以跟我说，我会尽我所能给你建议和帮助，这是属于我们的倾诉时光。"当你把这个约定告诉孩子后，如果在非倾诉时光里，孩子想跟你重复之前的烦恼，你就可以打断孩子，并提醒孩子记住"倾诉时光"的时间："我们会在 9 点后认真聊这个话题，现在暂时不回答你的问题。"

步骤三：到"倾诉时光"时，你要肯定孩子的自我安抚能力。比如你可以尝试这么说："谢谢你等我到 9 点后才分享你的烦恼。我已经准备好了，很想听听你的烦恼。如果你需要的话，我会尽我所能给你建议和帮助。"当孩子开始与你分享他的烦恼时，要持续保持倾听和理解。如果孩子在这段时间里告诉你"妈妈，我不想说了"，同时并没有表现出明显的焦虑，那么你可以尝试继续强化孩子的自我安抚能力："放学后你回到家时，我感觉你特别焦虑，但你现在的状态明显好多了。你可以告诉我，你是怎样让自己的心情好起来的吗？"

方法二：情绪梳理

适用于当孩子的情绪觉察能力较弱，孩子拒绝讨论自己的情绪，孩子总在寻求父母的关注时。

情绪梳理的目的是让孩子能够整理自己的情绪，提高自我觉察意识，这是培养孩子情商很重要的一个步骤，会增强你和孩子之间的心理联结。

情绪梳理的适用范围很广，当一个孩子爱和总欺负自己的同学一起玩时，他对那个同学的情感是矛盾的；当一个孩子突然伸手去打自己的弟弟 / 妹妹，却说不出理由时，他对弟弟 / 妹妹的情感也是矛盾的。很多时候，当孩子无法清晰地了解自己行为背后的矛盾时，他需要借助一些情绪管理工具来帮助自己整理思路、觉察自己，才能真正破冰，找到方向。具体的操作步骤如下：

步骤一：积累足够的情绪词语卡片。

熟悉情绪词语是走近情绪的重要一步。知道每一个情绪背后会有怎样的行为，可以提高孩子对情绪的觉察力。这是我整理的情绪词语库。父母平时可以多跟孩子讨论，增加孩子对情绪词语的知识储备。

情绪	相关词语
悲伤	伤心、难过、痛苦、沮丧
恐惧	焦急、恐慌、急躁、畏惧
喜悦	幸福、欣慰、高兴、快乐、自豪、兴奋、欣喜、热情、满足
喜爱	认同、友爱、信任、亲和、热切、倾慕、迷恋
惊讶	震惊、惊奇、吃惊、惊愕
厌恶	轻蔑、鄙视、蔑视、讨厌、反感
羞耻	内疚、懊恼、悔恨、后悔

步骤二：当孩子遇到烦恼时，让孩子从中选出三个词语来形容自己的状态，并鼓励孩子说出原因。尝试采用这样的句式："我感到悲伤，是因为＿＿＿＿＿"；"我感到恐惧，是因为＿＿＿＿＿"；"我喜欢和他做朋友，是因为＿＿＿＿＿"。

步骤三：开放式地提出问题，让孩子思考如何让自己的情绪状态更佳。比如尝试问问这些问题："你觉得哪种方式会让你感到更舒服？"让孩子慢慢觉察到自己的情绪以及情绪出现时自己的状态、自己内心的期待，让孩子找到跟自己内心相处的方式，这同样是孩子学会自我安抚的过程。

强化正向经验，积累更多信心

只要仔细观察，你就能感受到，孩子总是在以自己微弱的力量逐步地成长。这个过程也许并不快，重要的是孩子一直在锲而不舍地调整自己。孩子遇到的很多困境只是在适应新环境，为走向独立探索做准备。孩子是很好的分析师，因为他会观察和评估环境的安全度；孩子也是很好的心理学家，因为他能够捕捉到周围人的面部表情信号。这些都在帮助孩子发展充分思考、充分权衡的能力，让他们不至于在长大的道路上冒冒失失，缺乏思考力和判断力。

当我们能辩证地去看待孩子的行为时，就更能知道如何找准方向，强化孩子的正向经验，让孩子在鼓励中持续积累责任感、自信心和勇气。

我们可以掌握这三个句式：一是肯定孩子的成功经验，比如说"你喜欢_____吗？我猜是的，我观察到你_____"；二是肯定孩子的进步，比如说"你一个月前_____，但是现在你_____，这是很大的进步"；三是夸奖孩子的努力，比如说"你试着_____，真好"。

平时生活中我们都可以用到这三个句式，从经验、结果和过程三个维度帮助孩子强化正向经验，积累更多的信心和勇气。

当孩子感到害怕和忐忑的时候，父母要做好孩子的后盾，对孩子温和引导、积极鼓励，孩子就会妥善运用自己的能力。

第四章

控制力，让孩子学会抵抗诱惑

测一测 / 测测孩子的控制力

你有没有试过给孩子一颗糖果，却跟他说不能马上吃？如果没有试过也没关系，你可以在家里跟孩子试试。给孩子一块蛋糕或其他孩子爱吃的东西，跟孩子说，20分钟后才可以吃，然后观察孩子的反应。你觉得孩子的表现符合下面哪个选项？

A. 坚持 20 分钟后才开始吃。

B. 坚持 10 ～ 20 分钟才开始吃。

C. 坚持 5 ～ 10 分钟才开始吃。

D. 坚持 3 ～ 5 分钟才开始吃。

E. 3 分钟内开始吃。

写下你的答案，并告诉我，孩子在这个过程中的表现是什么。

_____

_____

_____

　　这个简单的小尝试，科学家在 50 年前就做过。它被称为"棉花糖测试"，这个实验为我们提供了一些关于人类行为的有趣见解。20 世纪 60 年代，心理学家沃尔特·米歇尔进行了一项著名的儿童心理实验。他对 200 多名处于不同年龄区间的孩子进行了测试。在测试中，孩子们可以挑选一颗自己最喜欢的棉花糖。研究人员会告诉孩子们："你们可以现在就吃这一颗棉花糖，但如果你们等研究人员回来再吃，你们就可以再得到一颗棉花糖。"孩子如果等不下去了，可以给研究人员打电话。随后研究人员离开了房间。然后，孩子面对着这一颗棉花糖独自坐在房间里。

　　研究人员秘密观察孩子们，看他们如何处理这种情况。有些孩子会马上吃掉，有些孩子等了一会儿才吃。然而，有些孩子成功地抵制了这种诱惑。他们用分散自己的注意力来实现自我控制，为此采取了不同的策略，比如有些孩子选择唱歌，有些孩子尝试倾斜椅子来玩耍，等等。

　　这是个看似简单的实验，但对这些儿童的后续研究却极大地加深了我们对人类自我控制的理解。举个例子，实验中有些孩子想出了一些策略，通过分散自己的注意力来实现自我控制，因此在后续实验里，研究人员试图通过事先教孩子们分散注意力的技巧来提高孩子自我控制的能力。事实证明这是有效的，事先习得这些方法对孩子控制力的提高大有帮助。

从心理学角度来说，我们是怎样看待一个人的自我控制力的呢？

问你一个很简单的问题：如果你处在棉花糖实验里，面前的棉花糖是你内心深层次的诱惑，你如何决定自己是否屈服诱惑？你应该吃这颗内心渴望吃的棉花糖，还是抵制它呢？

当你回答这个问题的时候，你便启动了大脑中的"控制力"按钮。

01 自律的孩子更有自驱力

什么是控制力呢？

控制力是孩子对学习目标的计划、管控、执行等能力。从社会心理学的角度来看，孩子能否持续有自驱力，需要控制力的持续支持。

科学家肯定的一点是，自我控制是大脑的一种能力，是构成孩子自我驱动力很重要的一个方面。自我控制过程是大脑自我调节的良性表现。通过这种能力，孩子可以学会控制自己的情绪，无论是消极的情绪还是积极的情绪，从而让孩子保持理性，阻止自己做出冲动的行为。当一个孩子长期面对学业上的挫败时，有了这种思维能力，孩子就能够思考自己疏漏的地方，而不是深陷在挫败的情绪里不可自拔，不知道如何调节压力。

孩子的控制力如何发展

控制力可以帮助孩子获得更大的学业成就。上了小学后，孩子要完成很多测试，参与课堂的问题回答，他们需要使用这项技能来阻止自己胡乱回答，然后思索问题的答案，最后得出自己心中的最佳答案。此外，学生还必须使用自我控制力来遵守课堂纪律、参与课堂活动。在与团队合作时，他们还必须使用自我控制力来保障高质量地完成作业和任务，包括如何看待输赢。

孩子控制力的发展依赖两个神经系统：一个能让我们对环境做出即时反应，另一个控制我们的行为。这意味着什么？当一个孩子的神经系统并不成熟时，他的自我控制力是比较弱的。如果你发现一个成人的自我控制力很差，那么很有可能是因为他的这两个神经系统没有在儿童期得到足够的发展。

能让我们对环境做出及时反应的系统是热情绪系统，它可以控制我们的情绪和生理需求。热情绪系统会立即对任何刺激做出反应。当一个孩子看到一颗棉花糖时，他的热情绪系统会使他立即想吃到棉花糖，而不是耐心等待一段时间。

另外，我们还有一个冷认知系统。它位于我们大脑前额叶皮层的中心位置，是我们大脑中负责自我控制的部分。冷认知系统控制我们做出决定或者提前做好计划。每当我们需要控制自己的时候，我们的冷认知系统就会被激活。

当孩子们试图从棉花糖上转移注意力时，这种行为会激活大脑的冷认知系统。热情绪系统和冷认知系统是协同工作的，当一个系统变为活动状态时，另一个系统就变得不那么活跃了。虽然我们的热情绪系统从出生起就开始起作用，但冷认知系统在整个儿童时期都在发展。两个系统的发展速度不同，导致了幼儿比成年人更难抵制当下的诱惑，因为幼儿的行为主要由大脑的热情绪系统控制。

4岁以下的儿童通常无法很好地使用冷认知系统，这体现在孩子的自我控制水平容易出现波动，或者在大部分时间里无法好好控制自己。随着年龄的增长，孩子的控制能力会增强。处于青春期的孩子的冷认知系统仍在发展，但大多数人直到成年后才拥有完全功能性的冷认知系统。这就是为什么许多青少年相比成年人更难抗拒不良行为的诱惑。

想激发一个人的自我控制力，关键是要帮助他激活冷认知系统的运作和发展。激活了它，就可以通过改变冷认知系统的评估方式，冷却掉当下感知到的刺激和诱惑，使人更容易产生自我控制力。这里包括两个组成部分的执行功能。

一是情感调节功能，涉及如何有效调节自己的情绪。这个功能有一个很明显的发展，即当一个孩子进入小学之后，他不再把随意发脾气的行为视为合理的，而是会开始学习如何暂停不良行为，表现出乐观、积极的态度。

二是反应抑制功能，涉及如何停止或延迟冲动行为的做法。这个功能有一个很明显的发展，即孩子开始思考自己的行为会带来什么样的后果，以及社会规则下的合理行为有哪些，可以帮助孩子去激活冷认知系统，产生控制力。

控制力和孩子的行为举止息息相关，比如孩子是否知道在什么场合应该做些什么事情，或者将幼儿园和学校的纪律与习惯内化于心，或者在看到别人的东西时，抑制住想要占为己有的欲望，这些微小又重要的行为基本上是由孩子的控制力来决定的。

生活环境塑造控制力

像其他技能一样，自我控制力有遗传的因素，但自我控制力的高低并不是由基因决定的，更多是生活环境塑造的。它可以根据环境和情况而发生很大的变化。每个人都可以提高自我控制力，因为我们的生活经历一直在不断地重塑着我们自己。

研究人员用老鼠做实验来说明这一点。研究人员培育了几组老鼠，这些老鼠要么非常迟钝，要么非常聪明。研究人员把其中一组老鼠放进一个充满刺激的迷宫里，另一组老鼠放进一个非常无聊的迷宫里。有趣的是，当迟钝的老鼠进入充满刺激的迷宫时，它们变聪明了；相反，当聪明的老鼠被放入无聊的迷宫中时，它们会变得愚蠢。从这个实验里，研究人员得出了一个结论：尽管基因决定了智力，但环境影响了老鼠使用这种智力的能力。

在生命的最初几年里，我们的前额皮质发育最快，因此，幼儿时期的环境对我们的控制能力有着巨大的影响，每个父母抚养孩子的方式对孩子控制能力的形成至关重要。

当孩子遇到不愉快的事情时，父母可以教他如何放松下来，以此来帮助孩子习得自我控制的能力。比如我之前收到过一个学员的分享，当她面对自己2岁多的孩子经常发脾气这一棘手问题时，每次都会在孩子发完脾气冷静下来后，第一时间和孩子进行总结，告诉孩子发脾气的时候可以去毛绒垫子上待一下，同时抱抱泰迪熊玩偶，这样心情会好一些。她和孩子做了一段时间的总结后，2岁多的孩子就明白了原来泰迪熊是可以帮助自己平复情绪的好朋友。当孩子再发脾气或者难过的时候，他就会主动去抱泰迪熊，让自己混乱的情绪平复下来。

　　这个就是父母通过环境塑造来帮助孩子习得控制能力的良好示范。如果父母与孩子的互动不多，孩子就不会懂得上述的方式。缺乏父母引导的孩子通常很难想出自控的策略。

02 孩子的控制力是这样培养的

我经常会收到父母关于孩子控制力的咨询。比如孩子从小喜欢跑来跑去，坐不住，到了小学一年级，上课时会不会不守纪律？为什么孩子明明在家里看起来挺乖巧的，可一到学校就不愿意积极回答老师的问题了呢？这类问题还有很多，背后都有同一个疑问：如果孩子在某个方面缺乏控制力，是不是意味着在其他方面也缺乏控制力呢？

事实上，控制力因人而异、因事而异。如果孩子能在 A 方面控制住自己，并不意味着孩子能在 B 方面控制住自己，反之亦然。孩子在成长过程中每次遇到新的选择，都会进行新的自我控制力的思考和判断。

在决定是否屈服诱惑时，我们成年人通常会考虑后果，思考自己的长期目标以及诱惑本身的强度。举个例子，一个人是如何减肥的呢？当然是通过不停地告诉自己减肥成功后可以实现的目标，降低自己想吃高热量食物的欲望。

跟所有技能一样，只有持续在控制自己的挑战中取得成功，我们才能习得这项技能，最终得到灵活运用的控制力。无论孩子的自我控制力基础如何，都可以通过设定阶梯性目标来帮助其得到提高。自我控制力是没有上限的，它只会给孩子带来更多的惊喜。

"冷系统"的激活跟人的大脑区域的前额叶皮层活动有关。在合理的范围内，我们可以给孩子提供练习延迟满足的机会，多锻炼大脑，增强他们的自律能力。

在家可以做的控制力练习

通过练习自我控制可以锻炼意志力，就像我们通过运动锻炼身体一样。一般来讲，只要通过两周的持续练习，我们就能提高自律能力。这里有五个小练习可以有针对性地提高孩子的自我控制力，在日常生活中，父母可以跟孩子一起做。

1. "不许动"舞蹈。

和几个小朋友或家人一起跳舞，并制订规则：当音乐停下来的时候，谁都不许动。谁动了，谁就会被淘汰。跳到最后的那个人是胜者。

2. "红绿灯"游戏。

一个小孩子扮演"交警"，背对着其他人站好，其他人在房间的另一头做好准备。当"交警"说"绿灯"时，大家就可以往前走；当"交警"说"红灯"时，大家就得停下来，同时，"交警"会快速转过头来，看看谁没有遵守规则。如果被"交警"抓到了，那个人就得回到起跑线上重新出发。谁第一个冲到"交警"面前，谁就赢得了这场比赛。

3. "抢座位"游戏。

把椅子围成一圈，大家一起围着椅子慢走或跳舞，同时播放音乐。当音乐停下来时，所有人都必须抢占离自己最近的椅子，没有抢到椅子的人就会被淘汰。椅子的数量会根据每轮游戏的人数而相应减少一个。游戏最后只剩下一个人，即为胜者。

4. 看指挥打拍子。

一个人拿着棍子或笔模拟乐队的指挥在打拍子，其他人看着"指挥"的拍子敲打乐器或拍手。"指挥"会变换不同的节奏，大家根据节奏相应地加速或减速。通过这个游戏，孩子能学会如何控制自己的身体动作，如何配合别人去创造和谐的旋律。

5. 叠叠乐。

这个游戏需要稳定的双手和有规划的头脑。三根木块为一层，交错叠高成塔（或者用其他叠法），然后轮流掷骰子决定抽出哪种颜色或哪一层的木块（也可任意抽），抽取的木块要放在木塔的顶层。在抽取和放木块的过程中，木塔倒塌则算输。父母也可以鼓励孩子自由创作，开动自己的脑筋，叠出各种各样的形状。

在学校可以做的控制力练习

我们需要及早识别孩子在自我控制方面的问题，这样才能更有效地给孩子提供建议和改善的方法。课堂上孩子出现控制力不强的情况主要发生在以下几种场景中：

· 在小组项目中轮流参与活动时出现困难。

· 不愿意举手或直接回答老师的问题。

· 在觉得无聊的时候难以静心坐好。

·做作业时马虎粗心，经常丢东西。

·在课前预习和阅读环节容易分心。

如何帮助孩子有针对性地提高课堂上的自我控制力呢？同样有四个练习可以提前做起来，这些练习有利于帮助孩子提高在学校里的自我控制力。

1. 自我对话。

在孩子坐不住的时候，鼓励孩子使用自我对话的方式更好地控制自己的行为，比如"放轻松""停下来""你可以的"，这些话孩子都可以在心里默念，以此来控制自己的行为。

2. 用身体阻止自己。

坐不住的孩子下意识地想要离开座位，这个时候，孩子需要积累一些让自己不离开座位的方法，比如把手放进口袋里稳住身体，或者扶着课桌让自己安静下来。

3. 深呼吸。

当孩子感到沮丧或者烦躁时，进行三次非常缓慢的深呼吸可以帮助孩子平复心情。

4. 及时鼓励孩子。

当孩子克制住冲动或者提高了控制力时，及时给予孩子口头表扬和鼓励，让孩子明白自己是可以做到的。

针对行为习惯的控制力练习

科学家普遍支持一个观点，那就是能够等待更大回报的人，以及能抵抗诱惑时间更长的人，在成年后更善于集中精力。因为他们有一个共同的特质，那就是即使在混乱的环境中，也更容易集中注意力，而且更擅长提前做计划。

如果一个人能够及早养成自我控制的习惯，随着年龄的增长，这些习惯会一直伴随着他。除了早教游戏外，还有四个教养锦囊可以更好地帮助父母提高孩子的自我控制力。

锦囊一：自然后果法

教导孩子理解凡事都有自然后果：做出一个选择，意味着同时承担了一个自然后果。如果做出了好的选择，就会得到好的结果，反之亦然。例如，冬天到了，父母要带孩子出门，那么孩子此时面临着一个选择：到底要不要配合爸妈的要求，穿上厚厚的衣服外出呢？

合理的自我控制引导能够帮助孩子理解不同的选择会带来

不同的影响。如果孩子选择的是穿厚衣服，那么可以强化孩子理解穿厚衣服是为了让自己舒适和保暖；如果孩子选择的是不穿厚衣服，那么可以让孩子明白，不穿厚衣服外出自己会很冷，冻得发抖，甚至感冒，这同样也是帮助孩子理解承担后果的一种做法。从规则培养的角度来看，这是父母可以给予孩子的自我控制的策略引导。在养育过程中，我们要给孩子自己做决定的自由，但是孩子也要理解自己做的每一个选择都会伴随着一个后果。这些后果是基于孩子的行为或选择自然而然产生的。

需要注意的是，自然后果法不等同于惩罚。在运用自然后果法时，常见的错误做法是把对孩子的惩罚当成自然合理的后果。自然后果法强调的是孩子对自己的行为负责，孩子可以做出选择，可以判断自己需要采取什么样的行动。后果的制定基于社会规范、自然法则，而不是某个人的喜好和意愿，或者某种权力的压迫。

像前面说的，孩子不吃饭会挨饿、冬天出门不穿厚衣服容易感冒，这些都属于自然后果，属于孩子的行为自然会产生的结果。如果孩子今天不吃饭，明天就不能出去玩；如果孩子出门不穿衣服，父母就把这件衣服扔了。这些后果便是惩罚，因为孩子的行为和结果之间没有直接关系，孩子会付出怎样的代价、面对怎样的后果，是父母提出的要求。

锦囊二："如果……那么……"策略

"如果……那么……"策略是在"棉花糖实验"中有效的方法。在实验中，研究人员通过教会孩子这个方法成功地提高了孩子的自我控制力。在进入实验室时，研究人员提前和孩子约定了一些规则，比如告诉孩子"如果你的手向糖果的方向移动，那么你就唱一首歌"，以及"如果你想吃那个糖果，那么你就要先等待 20 分钟"。这是一种心理暗示法，每当孩子想要吃糖果时，他都会想起自己应该做什么，这样他会发现等待原来更容易。心理暗示法的运用从另一个角度说明自我控制力是可以通过后天习得的。

纽约大学的彼得·戈尔维策博士通过超过 30 年的研究表明，建立"如果……那么……"计划是实现目标的有效策略之一，几乎可以使实现特定目标的机会增加一倍。帮助孩子理解更多"如果……那么……"之间的关联，会提高孩子的自我控制力。比如学钢琴的时候，告诉孩子，"如果你经常练习，那么你就能够不需要父母的陪伴，自己弹琴了"；又比如当孩子坚持不住的时候，告诉孩子，"如果在学习过程中你很想睡觉，那么你可以尝试喝杯水，让自己的大脑放松一下"。无论孩子是否接受你的提议，你都是在帮助孩子思考如何积累更多的自我控制策略。

锦囊三：表扬和鼓励

自我控制力的培养需要父母的鼓励和表扬。在孩子努力做事时表扬他，会让他感到有收获，受到激励，在未来继续努力。此外，我们还需要帮助孩子理解人难免会犯错误，发生错误时不需要过度紧张或恐慌。

为什么表扬对自我控制力的提高很有帮助呢？这是因为通常在有压力的情况下，人们不容易产生自我控制力。如果孩子觉得自己可能在某件事上失败，他们往往很容易放弃，这便是压力超出心理可承受范围的表现。在这种情况下，父母的鼓励就很重要了。如果能让孩子明白，孩子可以做任何内心渴望做的事情，他们就更有动力去做到更好；同时让孩子明白，一个人能做成一件事情的能力是可以通过练习来得以提高的，这对孩子的鼓舞也同样很大。

举个例子，陪练父母最容易犯的错误就是只盯着错误，忽略了对孩子的鼓励，这会打压孩子的积极性，减弱孩子的自我控制力。如果孩子练习一首难度很大的钢琴曲，在弹奏过程中因为不熟练而犯了一些错误，你陪在他身边时的第一反应是表扬他的努力，这样就能激励孩子继续练习。即使孩子犯了一些错误，他也知道自己能弹好曲子，这个过程可以增强孩子克服惰性的自我控制力，使孩子不轻易放弃学琴。

锦囊四：长期行为效果策略

引导孩子更多地思考未来的目标，同样很有帮助，这就是我们俗话说的"往长远看"。

尝试思考行为的长期效果，而不是只盯着短期的满足，这是需要我们通过言传身教来帮助孩子习得的能力。当我们不思考行为的长期效果，只关注短期满足时，我们跟欲望的距离也许触手可及。但当我们开始思考行为的长期效果时，我们跟欲望的距离就多了一段心理距离。这个心理距离就是我们自我控制的能力。

相信你也经历过孩子在超市里大哭大闹要求你买玩具的尴尬时刻。只要能够有策略地帮助孩子拉长心理距离，就能在无形中帮助孩子习得自我控制的能力。如果下次孩子的要求让你感到很头痛或者手足无措，最后迫使你不得不在孩子的哭声中投降或妥协，不妨试试下面的方法。

方法 1. 拉长时间距离的"延迟法"

延迟法能够给孩子一段逐渐延长满足感的实现时间，拉长孩子的忍耐期。它意味着当孩子面对诱惑时，父母可以引导孩子想想未来，帮助孩子创造和欲望的时间距离。

"妈妈，给我买玩具好不好？"

"好的，等妈妈把这个清单上的所有东西都买完了，再给你买。你可以先帮我把东西都收拾下吗？有你的帮忙，一定会快很多的。"

"好的，妈妈。"

（半小时过去后）

"谢谢你帮我，这是你的玩具。"

这是延迟法的一个示范。具体的延迟时间因事而异，可以延迟半个小时，到一天，到一周，到某种目标的制订或者某个节日的惊喜都是可以的。关键是孩子在这个交流过程中，能感受到父母一直有倾听自己的愿望，并且遵守与自己的约定，这样孩子也愿意相信父母会持续倾听自己的愿望和遵守约定。

方法 2. 限定实现数量的"限额法"

给孩子限定买玩具的总量，让孩子自己做选择。这意味着当孩子面对诱惑时，父母可以引导孩子想想怎样做选择，学习理性地看待自己选择的合理性。

"妈妈，给我买玩具好不好？"

"你想买哪些玩具？"

"abcdefgh。"

"好的，我知道了，你想买 abcdefgh 这几个玩具。我们之前约定过，每次来超市只能选一个玩具，你现在要做一下排除法了。"

在与孩子讨论的过程中，我们可以引导孩子去思考为什么选择 a 而不选择 b。可以这样说："可是我觉得 abcdefgh 这些玩具家里都有了啊，我们能不能将钱用在其他地方呢？"围绕选择的开放式讨论是帮助孩子学习自我管理的好方法。当我们以更加抽象和独立的方式来思考问题时，孩子就可以激活冷认知系统，从而达到对自己行为的调整。

养育孩子的过程中，父母与孩子之间经常会为买玩具的事发生争执，很多父母和长辈在意的是孩子买玩具这件事情本身是不是错误的。实际上，借助孩子提出的需求，引导孩子换个视角看待问题，可以让孩子学会长远地解决问题。

最后要提醒一句，我们的控制能力在很小的时候就开始发展了。随着年龄的增长，生活环境可以影响每个人控制能力的发展。这个持续的发展过程意味着控制力是可以发生改变的。只要你想锻炼控制力，就永远不会太晚。很多时候，控制力强的人所拥有的共同点包括知道如何把自己跟欲望拉开一段距离、如何激活冷认知系统来平衡热情绪系统，这是提高控制力的秘密。

用正念来改善控制力

你平时在很紧张的时候，会不会深呼吸、握拳头，尝试让自己放松下来？当你这么做的时候，其实对提高你的控制力很有帮助，我们称之为"正念练习"。

什么是正念呢？它的概念最初源于佛教禅修，是从坐禅发展而来的。正念强调的是一个人不带任何目的、不预设任何判断地去觉察当下的一切，单纯地感受身边的声音、动作、意象、身体感觉、呼吸等。在心理学领域，正念被发展为一种系统的心理疗法，即正念疗法。现在斯坦福大学、哈佛大学、牛津大学等高校有专门的正念研究中心。

正念练习关注的是自身对身边事物的觉察，指的是我们能够意识到、能够去关注当下正在发生的事。当我们能觉察这部分体验的时候，就能够及时做出恰当的反应。举个例子，年幼的孩子容易出现一瞬间被情绪绑架的情况，突然"气炸了"，从而做出一些伤人或者自伤的行为，这是孩子缺乏控制力的典型表现。但如果孩子能够提前觉察到自己的情绪，通过调整呼吸，重新集中注意力，就能让自己不被这种偏激的情绪淹没，这也是孩子重新习得控制力、克制冲动的过程。

父母应该如何引导孩子调整呼吸状态呢？你可以对孩子这么说："我知道你现在很累，这种感觉让你很难受。我知道怎样做可以让你的身体舒服一点，你可以尝试跟我一起做。用力地吸气，感受空气从你的鼻子里跑进去，再张开嘴巴用力地呼气，把愤怒从嘴巴里吐出来，吸气——呼气——吸气——

呼气……你可以跟着我的节奏做。你这样做会不会感觉好
一点？"

此外，多跟孩子做正念练习，可以帮助孩子意识到身体的
疲倦状态以及调节方式。下面十种简单的儿童正念练习都很适
合爸爸妈妈带着孩子一起做。

十种儿童正念练习

- 让孩子绷紧身体不同部位的肌肉 5 秒，然后慢慢放松。
- 让孩子听一段音乐，分辨出里面有多少种不同的乐器。
- 让孩子说说对天气的感受，比如"现在乌云密布，天空
中下飘着小雨"。
- 散步的时候，沿途跟孩子一起收集不同的树叶、小种子
等，让孩子观察并描述这些小东西带来的感受，探索自然界的
植物纹理。
- 试试和孩子一起想象一些好玩的事情。
- 当孩子感受到快乐愉悦的时候，让孩子不妨停下来沉浸
在快乐之中，感受当下的身体状态和情感。
- 和孩子一起选择一些新的颜色去表达各种不同的情绪。
- 让孩子用慢速度做一些动作，感受身体慢下来的感觉。
- 让孩子在紧张的时刻按下大脑里的"暂停"键，细心体

会自己当下的感受是怎样的。

· 记录愤怒的状况，帮助孩子理解愤怒，在愤怒的时候学会用同理心的方法回应自己的难过："愿我能学会关心这种痛苦。"

正念练习可以融合亲子游戏、早教游戏，渗透到日常生活中，让孩子在潜移默化中掌握。很多时候，成人世界的规则会给孩子增加很多"藩篱"，让孩子困于"是不是得成为大人心中期待的样子"，又或者让孩子感受到类似"自己始终都不够好"的压力。长此以往，孩子就容易焦虑、紧张、身心俱疲，更容易沉溺娱乐，逃避现实。正念可以帮助孩子察觉自己需要休息、需要理解、需要放松，也就能够让孩子更有力量。

第四章　控制力，让孩子学会抵抗诱惑

03 控制力培养的教养误区

控制力最大的敌人是压力

有时候，我们明知道控制力很重要，却忍不住屈服诱惑，这是什么原因呢？当我们发现孩子好像总是经不住诱惑，明明答应过的事情却做不到时，我们可能会感到很焦虑，不知道是什么原因导致的。

控制力最大的敌人是压力。压力是不快乐的常见来源。它可能是由个人的担忧引起的，也可能是由外部事件引起的。压力对控制力最大的威胁之一就是会引起可怕的欲望。压力会让你感觉自己很糟糕，会让你想做一些事情使自己的心情变得好一些。而在压力之下，让你感觉很好的方式往往是直接满足当下的欲望。这样做会让你忽略自己的长期目标，甚至有可能跟长期目标相背离。举个例子，心理学家研究过赌徒的心理。为什么赌徒往往会沉溺赌博而无法自拔呢？这里有一个很大的原因：压力导致的失衡。在赌场输钱会让人感到非常沮丧，所以赌徒会为了赢一场赌局而继续赌博，从而减轻之前输钱的压力。这种冲动可能会让人面临越来越大的风险，最终失去自己所有的财富。化解赌徒心理的有效策略之一，包括有持续效果的减压策略，可以是体育锻炼或正念练习。这些活动需要你付出更多、更大的努力，但效果一定会比沉溺和逃避更好、更安全。

控制力的另外一个敌人是不切实际的期望。我们都知道控制力能给我们带来好处，对控制力有所期望，那我们可能会这样想："制订一个长期的目标就可以提高控制力了。"实际上并非如此，不切实际的目标往往会让目标更难以实现，而且会带来更大的压力，造成恶性循环。

就像你对一个有长期烟瘾的人制订"一个星期内就要完全戒烟"的目标，这个目标不仅不能实现，而且有可能使这个人的烟瘾变本加厉，因为实现目标的过程太痛苦了。合理的策略是帮助他把戒烟的周期拉长至一个合理的范围，逐渐地减少抽烟的次数，或者寻找替代品。等身体适应了，再加入一个新的目标，让他逐渐摆脱吸烟对自己身体的困扰，循序渐进才能提高目标的可行性。

养育方式同样如此。很多时候，当我们觉得孩子的状态处于低谷时，我们希望可以通过改变孩子的行为来使孩子重新攀爬。这个初衷并不是一件错事，但我们同样需要考虑这些变化有可能对孩子的生活带来影响。我们设定的目标需要契合孩子当下的发展状况，无论这个状况是不是我们所认可的，它都是孩子行为改善的起点。不切实际的目标会导致孩子越来越沮丧、内疚和自我怀疑，很快孩子就会完全放弃努力，培养自驱力也就无从谈起，这样便得不偿失了。此外，无论是对成人还是对儿童来说，自我控制力都是一种有限的资源。如果你经常想做什么就做什么，随心所欲，你的控制力就会下降。

这也是为什么孩子在疲劳的一天结束后，往往无法保持控制力，做什么事情都容易搞砸。孩子有时候玩得高兴了会特别难入睡，很闹腾，又或者睡觉时间太晚，入睡困难，这都是因为孩子的神经太疲劳、太兴奋，导致控制力失控了。这个时候，我们不应该对他们生气，因为孩子只是无法自控。我们应该帮助他们找些事情来做。不管是吃点心、洗个热水澡，还是把他们抱在怀里让他们安静一下，都是确保他们的自我控制力能得到调整，这样才有利于改善孩子的不良表现。

在孩子成长的过程中，有很大一部分的压力来源于家庭。

培养孩子的自我控制力时，父母要避免陷入过度养育的陷阱。孩子的自我控制力是无法通过父母的高强度控制行为来习得的。相反，过度养育式父母对孩子控制力和规则意识的破坏是非常明显的。"过度养育式父母"的概念是由斯坦福大学学者朱莉·利思科特提出的。朱莉在研究里发现，过度养育的育儿风格包括三种类型：

第一种是直升机父母，总是在孩子头顶上盘旋，随时等待俯冲而下介入孩子的生活。

第二种是割草机或者铲草机父母，永远都抢先一步替孩子排除万难、开辟道路。

第三种是泡泡纸父母，觉得自己的角色就是要保护孩子，避免让他们出现一丁点消极情绪。

无论是直升机父母、割草机父母/铲草机父母，还是泡泡纸父母，在朱莉的研究里都属于"过度养育式父母"。过度养育模式会极大地剥夺孩子掌控自己人生的权利。这些孩子的父母是严格的，他们期望孩子服从和尊重自己，而不解释他们的行为或命令背后的理由。这种育儿方式对孩子来说是苛刻的，会造成孩子反应迟钝，缺乏自我掌控的能力。当父母为孩子打理好一切时，他们的孩子会缺乏自信，难以相信自己能够习得在成人社会里应该拥有的技能，这都是"过度养育"式家庭无法摆脱的核心问题。

调整心态，还孩子以选择的权利

我们可以调整心态，尝试去做权威型父母。

权威型父母跟过度养育式父母的区别在于，权威型父母愿意跟孩子一起承担后果，会给孩子提供足够的情感支持，对孩子的生理和心理需求能做出及时的回应。权威型父母更像是孩子成长过程中的灯塔，为孩子照亮方向，允许孩子自由探索前进的路径。他们和孩子一起思考，给予孩子探索的自由，允许孩子承受失败，然后自己做出选择。

没有孩子会因为年纪太小而无法做出选择，哪怕是一个只有 7 个月大的孩子，对于他喜欢吃什么样的食物，当你给他提供辅食的那一刻你就明白了。要帮助孩子孵化控制力，也包括给予孩子选择的权利。多问孩子一些有选择性以及开放性的话题，比如"你喝牛奶还是喝水？""你今天想穿什么衣服？""你想怎么安排你的时间？"让孩子在生活中有大量做出选择的机会，这会让孩子对自己的生活有一种掌控感。

等孩子再大一点，多给予孩子制订计划的机会。比如问问孩子："今天我们待在家里，你第一、第二、第三想做的事情是什么呢？""我们去旅游，有一天的时间可以制订旅行计划，你来计划一下我们可以做什么。"控制力需要持续的锻炼才能巩固，而大脑自我调节的发展通常被认为要到30多岁的某个时候才能完成。所有给孩子制订计划的机会都会帮助孩子分析应该如何调节自己的冷、热系统，做出合理的规划，让自己完成某个目标。

"棉花糖实验"结束后，研究人员还提出了一个观点：为了不让孩子因控制过度而焦虑，我们要同时鼓励放手。在养育的过程中，如何让孩子明白该放手时放手、该自律时自律，是我们培养孩子控制能力的终身议题。我认可一个观点：每个孩子都是独立的人。但独立并不意味着把孩子丢在一个地方不管不顾，或者逼着孩子去独自面对外面的风雨。独立是认可孩子从出生开始，他的人生是把握在他自己手里的。每个人都是一个独立的个体，每个人都有自己的激情和抱负。

作为父母，我们不应该把孩子保护得远离他真实的人生，而是要给孩子提供更多的机会去体验世界，让孩子可以做自己想做的事情、犯自己可能会犯的错误，最后找到自我驱动力。唯有如此，孩子才能更清楚自己到底想成为一个什么样的人，以及学会在努力学习中探寻这个世界的真理。

我们无法代替孩子飞翔，所以要学会放松心态，不仅是为了孩子，更是为了我们自己。

第五章

抗挫力，让孩子学会越挫越勇

测一测 / 能成功穿越风暴，你认为原因是什么？

　　假设有一架飞机正穿越风暴云层，试图抵达目的地，你觉得飞机能成功抵达目的地和以下哪些因素有关？此题为多选题，在你认为相关的因素前面打钩。

- ☐ 飞行员
- ☐ 副驾驶员
- ☐ 飞机的类型
- ☐ 飞机上的设备
- ☐ 天气的恶劣程度和持续时间
- ☐ 乘客

　　如果在这些选项之外你还有其他想法，可以继续完善并填写在下面的横线上。

_____

_____

_____

我想我们都对一个词感到很好奇，那就是"抗挫力"。通俗来说，培养抗挫力也是对孩子韧性的培养。如果把恶劣天气比作孩子成长道路上遇到的挫折，那么如何跟孩子描述对抗恶劣天气的飞机便是我们对抗挫力的形象解释。在这个过程中，飞行员是孩子，副驾驶员便是孩子的支持者，可以是孩子的家人、朋友，也可以是老师或其他社会人员。飞机的类型代表孩子的先天气质和年龄身份，飞机上的设备代表孩子可以借助的一切工具和资源，而天气的恶劣程度和持续时间则代表逆境的整体状况，乘客则是社会因素，有没有因恶劣天气而产生混乱或其他不可控情况，也会对飞机的驾驶有一定的影响。

抗挫力就是一个人在坚持追求目标时，越挫越勇、迎难而上的能力。

每个人在成长过程中都会遇到很多风暴，生活中有很多起起落落，不管是学习、玩耍、转学、考试、比赛，还是同龄人的矛盾、父母的分离，抑或突如其来的事故，都会给孩子带来很多棘手的难题。增强孩子的抗挫力有利于增强孩子的韧性，让孩子可以有足够的勇气去面对生活中出现的困难，也可以培养孩子的基本技能和习惯，让孩子能够更好地应对未来的挑战，更顺利地进入青春期和成年期。

01 孩子的抗挫力从何而来

抗挫力与梦想息息相关

如果你 5 岁的孩子跑来跟你说："妈妈，我长大后想当一个航天员。"可是你的孩子因为先天视力缺陷，并不具备成为航天员的身体条件，你会选择以怎样的方式来面对孩子这个愿望呢？是如实告诉孩子"别做梦了"，还是告诉孩子"只要你努力，就一定可以实现梦想"，或是让孩子去看看其他职业方向，抑或引导孩子去规划成为一名航天科学家的路线呢？

当我们讨论孩子的抗挫力如何培养时，别忘了先跟孩子聊聊"梦想"这个词。

许多人年少时都有梦想。我们想成为运动员、音乐家、航天员，或者有很多听起来不可能实现的梦想，比如当超人和公主。然而，随着时间的推移，我们大多数人要么逐渐调整对梦想的定义，让梦想趋于可实现的现实目标，要么放弃对梦想的想象，选择了最普通的职业，把梦想关进了小黑屋。

能够在成年后还坚持追求梦想的人是少数，因为坚持梦想是很不容易的。如果我们回忆过去，也许会意识到，追梦路上有一种情绪持续放大，甚至影响了我们的生活，那就是恐惧。梦想越大，对实现梦想所要付出的努力的恐惧就越大。如果我们承受不住这份恐惧，就很难坚持下去，这是大多数人放弃梦想的原因。

如果你 5 岁的孩子告诉你："妈妈，我想当航天员。"你的第一反应是什么呢？会不会下意识地思考孩子如何才能当一名航天员？当航天员意味着孩子需要克服重力、接受大量的培训，体能素质得万里挑一，学科基础知识得非常扎实，再加上足够好的运气，才能胜任这份工作。这一切都需要大量的准备，甚至也许做了大量的准备，孩子也可能实现不了成为航天员的梦想。因此当想到孩子为了实现这个目标付出了大量的努力，也有可能竹篮打水一场空时，你就会觉得这个梦想不仅实现起来很艰难，甚至不切实际，于是你跟孩子说："你别想了，你永远也不可能成为航天员。"因为你内心比谁都清楚，自己的孩子体格瘦小，先天就不具备成为航天员的身体素质，加上航天员的选拔万里挑一，自己的孩子能中选真的是比中彩票还难。这其中有太多的可能性，一旦有不如意的情况发生，都会让孩子备感挫折。然而，你可能没意识到的是，当你经过一番思考，以为告诉了孩子事实时，你说的那句"你别想了，你永远也不可能成为航天员"却是给孩子的最大挫折。因为你在孩子还没有去尝试的时候就折断了他的翅膀，让所有的可能性都被埋葬。

面对梦想的心态，激发孩子的抗挫力

不管面对什么样的梦想，我们要考虑的第一点不是它是否具备现实可执行性，而是我们以怎样的心态去面对。后者才是我们最能帮助孩子的地方。如果你用"这个梦想实现的可能性大不大"来衡量孩子的梦想，其实是不由自主地陷入了思维定式，最后用自己的固定思维给了孩子最沉重的一击。

为什么会有这种固定思维？背后的原因还是恐惧。因为实现梦想的过程困难重重，所以内心泛起了非常多的恐惧。我们内心渴望实现梦想的过程中不会遇到任何困难，可是我们越这么去想，就越难实现梦想。唯一能实现梦想的方法就是承认困难，并战胜恐惧。

如何理解呢？我们来做一个小练习。

假设你的梦想是成为一名小说家。闭上你的眼睛，想象你正在付出努力使这个梦想成真。当你这样做的时候，你会自然地感觉到恐惧。假设你准备写一本 10 万字的小说，包括设定人物特点、情节大纲、如何开头、如何设计过渡段落等。你开始觉得很难下笔，因为你还需要决定谁是主角、谁是配角、人物之间的关系该如何环环相扣……这个时候，你要告诉自己："与其逃避它，不如接受它。"

现在来想象一下你正在克服恐惧。假设你想写一部关于家庭矛盾的小说，你想用这部小说来还原你的生活。小说里有一个职场妈妈，她挣扎在每天的家庭琐事和无法实现的梦想的困境里，于是她制订了很多"内心的出逃计划"……写着写着，你突然发现自己开始构思一些虚幻的情节，这些情节甚至没有那么合理。但没关系，继续想象，想象一下你正在克服恐惧。当漫长的时间过去时，你在电脑键盘上敲下"结尾"这个词，终于写完了这部小说。这时候，你已经写了 10 万字。小说里有你的人物设定，有情节的推进，还有很多丰富的冲突和反思，你的心情会是怎样的呢？会不会有一种如释重负的感觉？你经历过恐惧，也感受到兴奋。这两种情绪会帮助你走上通往梦想的道路。此时，恐惧和兴奋会使人分泌肾上腺素，这是你未来面对挑战所需要的燃料。

面对心中的梦想，哪怕它看起来再不切实际也没关系。父母要鼓励孩子为了实现梦想去做一些具体的事情，这样才可以离梦想更近一步，即使只是一小步，也可以帮助孩子减少恐惧。如果孩子渴望成为一名航天员，就让孩子先感受一下成为航天员需要做什么，帮助孩子把梦想"立体化""可视化"。多想象实现梦想的过程，有助于孩子深化对梦想、目标的理解。

在实现梦想的过程中，孩子会逐渐明白："原来要成为一名小说家，我需要具备逻辑推理能力，因为得想明白情节框架的合理性；我还需要具备较高的阅读能力；我更需要拥有一定的阅历和想象力，因为小说来源于生活，价值观往往高于生活……"

如果我们能帮助孩子领悟实现梦想所需要的因素，就能帮助孩子了解能力的不同维度，同时做到知识的迁移。一个逻辑推理能力、阅读能力、想象力和生活实操能力都很强的孩子，长大后也许没有成为小说家，但也一定能够在其他领域找到一席之地。

02 教会孩子积极面对失败

带孩子做情感联结练习

正如我前面说的，梦想实现的过程伴随着恐惧。没有什么梦想是不经历失败就能实现的，这里包括了大失败和小失败，以及各种各样的失败。

孩子告诉你她想成为一名钢琴家，可是她却在第一次登台表演选拔中落选。你可能担心落选会彻底粉碎孩子在钢琴学习上的自信，但是要记住，你必须让孩子明白自己在落选那一刻感到的沮丧和难过是非常正常、合理的情绪。

我跟找我咨询的人做过一个情感联结练习。想象自己落选的时候，是一种什么样的感受。当你落选的时候，你会感觉世界只剩下你一个人，全世界都在往前跑，唯独自己留在了原地。你是唯一一个没被选中的人，其他人正积极地、朝气蓬勃地往前跑。这种感觉很不真实，会让你觉得很孤独，身边的人都成功了，唯独自己这么失败。

当孩子落选的时候，你可以这样告诉孩子："亲爱的，你不是唯一一个试图弹好一首曲子、想要成为钢琴家的小朋友。因为有这么多人都在做着同样的事情，所以每天有很多小朋友都会弹错音，也有很多小朋友同样经历着落选。一个想成为钢琴家的小朋友跟一个真正成为钢琴家的小朋友，他们最大的区别是什么？是后者不会把被拒绝或者落选看成人生失败的信号。一次的落选或者被拒绝并不意味着失败，它只是你实现梦想的一个过程，把它当作人生失败的信号是没有意义的。

"就像'两弹元勋'邓稼先，在艰苦的大西北与世隔绝，埋头钻研，完成了原子弹和氢弹的研制。中国首位诺贝尔医学奖获得者屠呦呦在成功提取青蒿素之前，已经失败了 190 次。就连'杂交水稻之父'袁隆平，也是用放大镜观察了几十万株水稻后，才收获了 6 株具有杂交优势的水稻。"

多跟孩子讲讲人物传记，通过这些故事帮助孩子从小形成对失败正向解读的成长型思维，帮助孩子明白，为了更好地实现梦想，首先需要做的就是克服恐惧，不断挑战自己。

帮助孩子克服恐惧情绪

临床心理学有两种方法可以帮助孩子逐渐克服恐惧情绪。

第一种方法是脱敏法。我们发现对某样事物恐惧的人，如果在他们面前反复暴露这个事物，会得到意想不到的结果。反复接触让自己恐惧的事物，慢慢地你就可以接受这个事物了。如果你害怕鲨鱼，那么你最不想做的事就是深海潜水。可是，如果你想克服对鲨鱼的恐惧，还是需要通过潜水来克服。如果你对舞台严重恐惧，那么你就很难成为一名演员。可是，如果你想继续留在舞台上，那么你需要咬紧牙关，强迫自己克服恐惧。等到第十次上台的时候，你就不会感到那么害怕了。

脱敏法是一个循序渐进的过程。比如你很害怕坐飞机，那么如何用脱敏法帮助你克服恐惧呢？可以从阅读飞机的图片开始，到适应飞机的声音，再到模拟飞机起飞的情景，最后坐在飞机座位上，一步一步地适应整个流程，直到克服恐惧。不断地进行情景模拟可以帮助孩子克服恐惧。练习得越多，孩子感到的恐惧就会越少。

第二种方法是可视化练习。列出你想在生活中完成的每一件事的清单，进行一次可视化练习。这些目标开始，想象一下，不断被拒绝以及面对各种挑战的过程，去预测可能出现的困难。回到当航天员这个梦想。如果孩子的先天基础并不能使他成为航天员，那么成为一名航天科学家也可以是孩子努力的方向。父母可以帮助孩子更完整地了解这个行业，帮助孩子明白要实现这些目标需要做的基本功有哪些，让孩子去积累更多的知识。这样孩子才会明白，航天事业的发展不仅依赖我们最熟悉的航天员，还需要航天科学家、工程师等专业人员。大家各司其职、团结协作，才能取得成功。

当你跟孩子讨论完清单上面所有的事情之后，别忘了和孩子一起做个假设：如果十个梦想中有两个梦想是能实现的呢？哪怕成不了航天员，是不是能成为科学家、专业人员，或者能掌握物理、化学的系统知识也是有价值的事情呢？

可视化练习可以帮助孩子积累更多积极的想法。孩子越能够预测可能会出现的状况，就越懂得如何放松自己，明确目标，对未来应对自如。当孩子有了积极的想法时，他就不会轻易被恐惧打倒。

第五章 抗挫力，让孩子学会越挫越勇

再问你一个问题，如果你的孩子跑来跟你说："妈妈，我觉得表演太难了！"你的第一反应是什么呢？这个时候要不要鼓励孩子坚持下去？你不妨试试从问题入手，帮孩子做一个倒金字塔式的梳理，让孩子对自己内心的恐惧有更直观的认知。

把问题进行倒金字塔式的梳理，帮助孩子探索这几个问题：问题到底是什么，如何看待问题，如何缩小问题范围，孩子最想解决的挑战是什么。这是对孩子认知进行梳理的过程，特别适合跟小朋友一起做。

孩子的畏难心理很多时候是一种放大了的畏惧。面对这种情况，倒金字塔式的梳理能帮助孩子把问题聚焦在某一个点上，即把孩子所畏惧的困难逐层剥开，最后找到可行动的起点。

回到孩子对上台表演的畏难心理。这时你要问他："你觉得困难的地方在哪里？当你想到'难'这个字的时候，脑海中浮现的是哪些担心呢？"这个提问方式就是在帮助孩子缩小问题范围。"难"其实是一个大而抽象的概念。当你说"难"的时候，你的脑海中会浮现出什么？这些东西就是你把问题缩小的一个个的点。接着，孩子可能会说出三点困难，比如"服装""我不会跳舞""同学们会笑我"。这时候虽然他把问题缩小到具象的东西，但其实他感觉到的困难还是很多的，孩子此时并没有头绪。这时候你需要再问他："这里面你最想解决的问题是什么？"即提示孩子如何一步步解决问题。

当你这么跟孩子沟通的时候，能帮助孩子一点点找到问题，并从中梳理出解决问题的思路。当你和孩子把问题进行细化后，就可以教孩子列一个计划表，引导孩子去思考："如果要突破这个难题，要先从哪一个方面入手呢？"

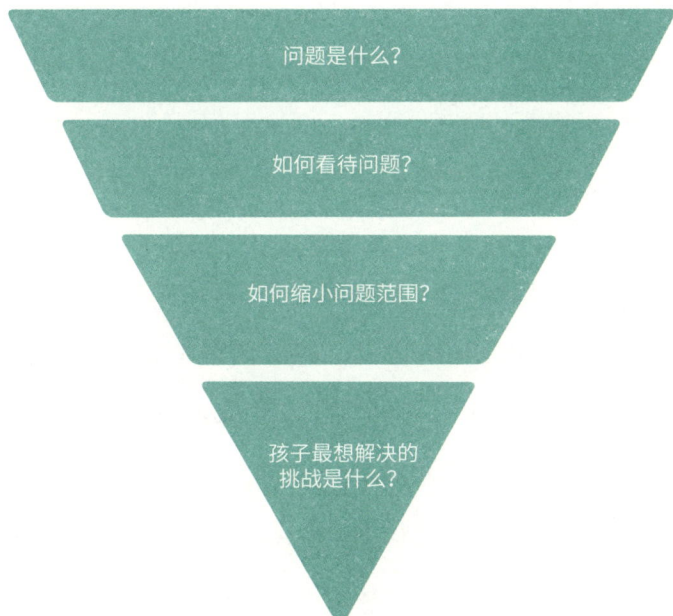

问题是什么？

如何看待问题？

如何缩小问题范围？

孩子最想解决的
挑战是什么？

倒金字塔式沟通示意图

这个计划可以分成"做什么？""什么时候做？""我需要帮助吗？谁可以帮我？"这三个步骤来细化，让它更容易完成。你可以让孩子把信息记录在下方表格中。

做什么？	什么时候做？	我需要帮助吗？谁可以帮我？

开始执行计划之后，记得在过程中随时检查孩子的进度："你的计划进行得怎么样了？""需要调整什么吗？""如何调整能让计划走上正轨？"如果遇到了问题，你可以随时回到以上任何一个步骤，重新开始。

如果你不知道如何让孩子入手以及引导孩子表达，你可以以自己的经历举例，比如你在工作中遇到了一个困难，你是如何缩小困难的范围，打开自己的思路，最后做出计划的。父母的经历能帮助孩子调整自己，构建他的思维模型。

引导孩子突破第一个挑战，孩子就能收获心理上的成就感。这种鼓励会推动孩子解决第二个问题，使孩子逐渐养成积极的思考习惯。

03 教会孩子积极面对批评

　　孩子抗挫力的培养有两个敌人：一个是孩子的消极自我批评，一个是来自他人的负面批评。

消极自我批评

　　我先来谈谈孩子的消极自我批评。举个例子，如果一个孩子跟你说："妈妈，我觉得我做不了这件事，我什么都做不好。我觉得我就是最差的，也没有人愿意跟我玩。"这就是典型的消极自我批评。我相信当孩子跟你这么说的时候，你的内心会警铃大响，告诉自己要谨慎应对。但有时候孩子本身的消极自我批评会比较含蓄。孩子如果只是说"我觉得我做不了这件事""妈妈，这道题很难"，你还能察觉到里面有"自我批评"的成分吗？实际上，这便是含蓄的消极自我批评。

自我批评在生活中非常常见。哪怕是成年人，很多人放弃一个决定、一个梦想，甚至一个爱好，仅仅是因为认为自己天赋不够。由此可见，我们常常是最严厉的自我批评家。批评不一定总是消极的。良性的自我批评可以促使我们思辨，也可以使我们更严谨。因此，当孩子在生活中出现消极自我批评时，我们应该帮助孩子思考，如何让自我批评变得有效，让自我批评帮助自己成长。

往后退，看问题

第一种应对消极自我批评的方法是往后退，看问题。无论孩子遇到了什么困难，父母要先引导孩子退后一步思考，远观目前发生的事情，帮助孩子以新的视角看待事物。

我的小儿子 Eric 4 岁时很抗拒积木搭建，因为材料有限，所以每次搭新的造型意味着得拆掉旧的。有一天，他告诉我："妈妈，搭积木不好玩，积木很快就没了。"孩子面对积木的频繁拆卸有明显的沮丧感。好不容易搭好了积木，很快就要拆了。而积木的每次拆卸都让他感觉很遗憾。

后来我跟 Eric 约定了一个方法，让他把每天用积木搭的作品都拍照保存起来。我们在家里划分出一个区域，叫积木展示区，把孩子的作品放在里面，旁边附上一张小卡片，比如"什么主题""内容是什么""几点制作"，拍张照片留念。第二天再把积木从展示区取出来，设计新的造型。我告诉他："哪怕只用了两个积木搭在一起，它都是有价值的。不管是哪种造型，它会消失，也会重建。我们有一个展示区，你定期更新，它也定期更新。"

这个约定看起来跟积木的数量一点关系都没有，却为孩子提供了新的视角，孩子的关注点会从"为什么积木材料那么少"转为"如何让搭建的作品更有趣"。当我们这么约定之后，我发现 Eric 开始积极关注如何利用有限的积木材料创造更丰富的造型。哪怕积木材料有限，孩子也毫不在意，只专注如何搭出可以放在展示区的作品。当作品越来越多的时候，孩子就会发现，就算材料数量是有限的，但创意是无限的，而后者才是积木搭建最有价值的地方。

多问一句"如何改变"

第二种应对消极自我批评的方法是多问一句"如何改变呢"。

我们也许是最严厉的自我批评家。良性自我批评的关键在于，你内心的批评家愿意和你合作，而不是始终激烈地反对你。事实上，可以将自我批评看作一个伟大的盟友。只有对作品精益求精，我们才能够做出好的作品，才能在质量上有所提高。就好像一首音乐作品，一个好的制作人和一个伟大的制作人的区别在于，伟大的制作人能够分辨出高质量和低质量作品之间的区别。要做到这点，制作人一定具备思辨能力，他们能够自我反思，也能向别人学习。

在我家孩子面对挫折时，我会跟他们说："每个人的内心都有一个小小人，名字叫'批评家'，你也一样。他是你的朋友，但有时候他说的话太消极，让你觉得自己再怎么尝试都无能为力。因此，如果你发现你内心的小小人说话太消极，你就可以问问他：'你觉得我们能做些什么事情，来改变这个情况呢？'

"除了说话太消极之外，小小人还有一个坏毛病，就是来得太早了。一切都还没开始，它就说服你放弃，那么你也不妨试试跟他说：'小小人，我听到你啦，但我现在要忽略你哦。等我有作品时我们再谈。别担心，我有了作品之后会跟你讨论的。'

"跟内心的'批评家'相处时，要确保他只是发表意见，而不是说他的想法就是真理。有效的自我批评应该集中在精准的问题上，并且始终对其保持尊重的态度。如果你内心的

'批评家'违反了这些规则，不要接受他，而是要直接告诉他：'如果这并不具有建设性，我是不会听的！'"

学习如何跟自己内心的"批评家"做朋友，是每个人一生都需要学习的功课。

父母的负面批评

接下来谈谈来自他人的批评，这里最常见的就是父母的负面批评。

如果孩子放学回家，告诉你前几天他的测试成绩是"语文 A+，数学 A，英语不及格"，你会先肯定孩子在语文、数学科目的付出，还是会下意识地问孩子："英语怎么考得那么差呢？"人类的天性会让我们时刻保持危机意识，也让我们更容易发现事物不好的方面，而看不到积极的方面。如果注意力是有选择性的，很多父母的第一反应是先看到孩子需要改正的缺点。我们内心的想法可能是这样的："语文、数学达标了，但英语得重点抓抓，太糟糕了。"

父母的负面批评在很多家庭中很常见。负面批评往往具有价值判断以及以偏概全的色彩，常常出现"你总是……""你从不……""你为什么不……""太糟糕"这类的字眼，甚至在一些家庭中，负面批评还常常演变成攻击对方的人格，给人贴上负面标签，说些难听的话，或者把责任归咎于他人。负面批评很容易让孩子认为自己是有问题的。孩子特别容易接收到父母的评价，因为他需要从父母对他的评价中了解他自己，就好像心灵印痕一样，烙在孩子的心里，成为他个性的一部分。

来自父母的负面批评常常会伤人一千，自损八百。父母批评孩子的后果是容易伤害彼此的感情，导致亲子关系紧张，使孩子出现厌恶与防御的心理倾向。孩子在自我防御的时候，是没有办法与父母好好沟通的。此时孩子不愿意敞开心胸来接受他人的意见，并且拒绝接收新信息，这些都会妨碍亲子关系的联结。

开启孩子的力量开关

之前收到过一个读者朋友的求助，她是一位母亲，对孩子糟糕的收纳能力感到烦恼。孩子在 6 岁生日时收到一辆新自行车，她告诉孩子不用的时候要把自行车停在玄关处。尽管她反复提醒过，但孩子总是忘记。每次孩子去小区楼下骑完车，一进屋就把自行车随便扔在门口。有一天她下班回家后，发现自行车又停在门口，就忍不住对孩子厉声斥责，觉得孩子已经 6 岁了，怎么自理能力还那么差。当时我问这个读者："孩子除了自行车乱放之外，其他方面的表现是怎样的呢？"她告诉我："不好啊，反正小孩子各种乱糟糟，我心里烦躁着呢！"我接着问："是吗，完全乱糟糟吗？孩子平时的书包怎么放、自己的衣服怎么整理、平时吃饭的时候是什么样的？"

第一次跟她聊的时候，她说："我完全想不起来了。当时太生气了，孩子怎么可以这样。"我说："如果你回忆不起来也没关系。下一次当你发现孩子把自行车乱放的时候，你先强迫自己去想一想孩子平时的优秀品质。"为什么要强迫自己去想一想呢？这是因为当我们很想批评孩子的时候，反而需要一个力量开关，帮助我们发掘孩子的长处，而不是关注他们的缺点。这个过程可以引导我们与孩子进行良性沟通。

在我建议这个读者想一想孩子值得表扬的地方有哪些之后，她连续观察了几天，发现孩子确实做了一些积极的事情。每天她下班回来，孩子就很热情地欢迎她。孩子也不是什么都不爱收拾，比如孩子放学回家都会把鞋子摆好、书包放回自己的房间等。

当读者朋友想起这些细节时，她发现自己不再只盯着一个自行车乱放的问题来批评孩子，而是更乐于去赞美孩子做好的每件事，并告诉孩子他在生活中是多么有条理。终于有一天，孩子进家门时把自行车停在了玄关处，她及时表扬了孩子的自觉，让她困扰很久的"自行车乱放问题"自此就解决了。孩子开始将摆放好自行车当成自然而然会去做的事情。

在孩子身上发生的这个改变是从妈妈不再盯着自行车乱放问题开始的。积极的心态改变了我们与孩子沟通的方式。当我们愿意把注意力转移到孩子好的行动上时，我们也会找到跟孩子沟通的方式。哪个孩子不希望爸爸妈妈记住自己做过的好的事情，记住自己落到实处的努力呢？这些来自父母的及时的肯定和鼓励会让孩子觉得自己更有力量。

生活中，当孩子自发地做了一些积极的事情时，父母一定要及时关注、做出回应，指出孩子具体的优点，比如孩子是友善的、富有同情心的等，这可以引导孩子积极行动。

04 抗挫力培养的家庭法则

　　我的学员问过我一个问题："我就是一个普通家长，拼不过别的父母，是不是就养不好孩子了呢？"实际上，提出这个问题的妈妈本身有着大量的挫败感。

　　回到本章开头，当我们清楚地知道孩子无法成为航天员的时候，拥有成长型思维的家长会如何看待自己和孩子呢？也许你认为孩子永远不可能成为奥运会级别的自行车选手，但你不妨先试试跟孩子一起把家里的自行车修好；也许你认为孩子永远不可能成为万人瞩目的航天员，但你不妨先试试跟孩子一起做一个火箭模型。当你愿意摆脱固定思维，避免先入为主时，你才能真正开始享受生活所带来的惊喜。当你愿意这么去做时，就是向孩子示范了如何孵化抗挫力。

記住，凡事都要一步一步来，这是我们培养孩子抗挫力很重要的信念。在家庭中培养孩子的抗挫力，我们要时刻记住这些基本的家庭法则。这不仅会给孩子的成长增加能量，还能为你找到引导孩子的方向。你不会成为充满挫败感的父母，还可以习得应对未来的能力。以下是我总结的七点家庭法则：

1. 在孩子遇到逆境时，承认孩子的感受。

告诉孩子，失败的感觉的确不好受，但如果因此而感到沮丧，对事情的结果毫无帮助。我们可以和孩子一起讨论这些消极的感受，帮助他认识这些情绪。

2. 在生活中，积极、诚实地谈论孩子的优势。

和孩子一起分析在这个过程中他做得好的方面，帮助他看到并了解自己的长处，知道这些长处在当时是如何发挥作用的。这种讨论在日常生活中就可以经常进行，不必等孩子身处逆境时才想起来。我在本节末尾给大家提供了一个挖掘孩子各项优势的练习。

3. 为孩子应对挑战提供支持，但不要擅自插手。

可以通过给孩子提供帮助，鼓励孩子再试一次。在不断的失败和尝试中寻找解决方案，千万别急迫地帮助他解决问题。让孩子避免失败，并不能帮助他增强抗挫力。

4. 谈谈吸取的经验和教训。

每个孩子学习和思考的方式都不一样，因此，在孩子失败之后，父母要引导孩子进行总结，避免再一次失败。可以和孩子一起回顾这件事情的难点在哪里、他当时是如何尝试去解决的。如果再来一遍，做哪些改变能让这件事情变得更容易成功。

5. 鼓励孩子寻求帮助。

告诉孩子学会寻求帮助并不是软弱的表现，包括如何与人沟通去表达自己的需求，以及分析谁更适合为他提供帮助。

6. 建立"相信事情一定可以改善"的信心。

任何事情都不会一成不变。只要孩子愿意付出努力，他就不会被困在原地。

7. 帮助孩子重建自尊。

一遍又一遍地应对失败和挫折无疑会令孩子非常沮丧。然而面对挑战，可以激发孩子重要的情感力量。这些情感力量，我们称之为"关键优势"。可惜的是，处于沮丧情绪中的孩子并不容易看到这些优势，因此，孩子需要你为他指出这些优势，重新建立自尊。同时，你还要告诉孩子为什么这些优势如此宝贵。

练习 / 挖掘孩子的个体优势

　　孩子有许多不同的优势，有些优势是显而易见的，比如擅长绘画或体育运动。但有些优势可能很难被注意到，比如擅长倾听或拥有很好的团队合作能力。与孩子讨论他的长处可以帮助孩子茁壮成长，对学龄期的孩子来说尤其如此。

　　下面这些条目可以帮助你归纳整理孩子的优势，在你认为孩子符合的方框里打钩。父母平时要对孩子细致观察，这样在与孩子讨论他的优势时才会更加确定。

性格优势:

☐ 诚实守信

☐ 善良，善解人意，关怀他人

☐ 喜欢帮助他人

☐ 勤劳

☐ 能够承受压力

☐ 个性独立

☐ 能够与他人合作

社会优势:

☐ 能够和别人一起分享自己的东西

☐ 遇到争执时，懂得适当地妥协

☐ 喜欢交朋友，重视友情

☐ 善于倾听

☐ 能认识自己与他人的长处和短处

☐ 需要时懂得寻求帮助

☐ 知道不同的行为会造成不同的结果，愿意为自己的
行为负责任

☐ 诚实坦白，犯错后愿意承认错误

☐ 有很好的幽默感

语言优势:

☐ 善于使用文字来表达需求和想法

☐ 无论是在家里还是在学校，都喜欢和朋友一起讨论
事情

☐ 讲故事或提问时，懂得让语气产生变化

☐ 能够讲述一个完整的故事

☐ 喜欢学习新的词语，并且能够熟练运用大量词语

☐ 可以在交谈或讲故事时回答"谁""什么""何时""在哪里""为什么"和"如何"等问题

☐ 能够快速理解笑话、双关语和讽刺背后的意思

☐ 学习生字非常快

☐ 理解声音的音节

☐ 能念出不熟悉的词

☐ 阅读的时候能记住细节，并且可以复述故事

☐ 听故事的时候，可以根据情节对故事的发展做出预测

☐ 带着表情阅读，完全沉浸于书中人物的故事中

☐ 阅读时，会把书中提到的情节和自己的经历建立联系

数学和逻辑优势:

☐ 有很强的数感,喜欢分辨哪个大、哪个小

☐ 看到事物,会将其和数字联想起来

☐ 能够快速地背诵乘法口诀表

☐ 能够心算

☐ 能够将数学概念活用到生活中

☐ 对数学术语很容易理解

学习技能优势:

☐ 能设定目标并提前做好计划

☐ 能够自主学习

☐ 在学习中能够保持专注

☐ 碰到难题会灵活思考,会运用不同的方法解决难题

☐ 喜欢有条理地做学习笔记

☐ 遵守规则和惯例

☐ 善于从错误中总结经验和教训

其他优势和才能：

☐ 有创意或艺术天赋，比如跳舞、唱歌或演奏乐器

☐ 喜欢参加体育运动或游戏

☐ 喜欢照顾动物和比自己小的孩子

☐ 喜欢通过讲笑话或故事来逗别人开心

备注：以上为举例特征，无法覆盖所有优势，父母可
　　　根据孩子的实际情况做优势和才能的延伸举例。

练习 / **适合在面对挑战时，和孩子沟通的品质特征**

❶ 决心

也可以称之为坚持。当事情并不容易完成的时候，为孩子指出他在这个过程中所付出的努力，这可以坚定孩子继续挑战困难的决心。

你可以这么说："这周数学真的很难，但你学习很努力，遇到不懂的问题，能勇敢地去问老师，并坚持了下来，你做得真棒。"

向孩子解释为什么决心很重要："每个人都会面临挑战。如果遇到问题就轻易放弃，那他将没有机会解决这个问题。很高兴你能一直努力，让事情变得更好。"

❷ 同理心

面对挫折的经验可以帮助孩子更细致地考虑他人的感受，还能帮助他理解人与人之间的差异和不同的需求。

你可以这样说："你邀请班上新来的同学和你一起吃午餐，真是太好了。不是每个人都会这样做，但你很清楚被人孤立的感受，所以你很乐意带领你的新朋友融入集体。"

向孩子解释为什么同理心很重要："能够体会另一个人的感受是一项很了不起的技能，它可以让你拥有更多的好朋友，还能让你知道朋友在什么时候需要别人的帮助。"

❸ 勇气

当面临挑战时，孩子如果习惯走出自己的舒适区，就会更愿意尝试新事物或解决棘手的问题。不害怕失败，意味着孩子的内心充满勇气。

你可以这样说："当你为游泳队试训时，你不认识教练和其他孩子，也不确定你自己是否游得够快。尽管你很紧张，你还是跳进泳池并尽力地游。"

向孩子解释为什么勇气很重要："冒险是可怕的。尽管你不知道冒险会带来怎样的结果，你也愿意尝试。这是一种优势，它可以让你迎接更大的挑战，更有机会获得成功。"

❹ 信心

孩子能够成功地克服困难，找到解决问题的方法，可以让他找回力量和控制感，从而建立信心。

你可以这样说："遇到不懂的问题，你下课主动找老师请教，终于弄懂了，这个方法我觉得非常有效！"

向孩子解释为什么信心很重要："当你碰到一个知识点，怎么努力都理解不了时，我知道那感觉一定很糟糕，可是你能想到寻求老师的帮助，这比放弃要好得多。"

我们培养孩子的过程是帮助孩子建立自我认知的过程。父母采取不同的引导，能使孩子从不同的角度看待自己的行为，从而产生不同的自我认知。当孩子发展出正面、积极的自我认知后，才能滋养出面对挫折的抵抗力，遇到挑战时才更有勇气去面对，经历失败后才能振作起来。

第六章

成就感，让孩子学会掌控人生

测一测 / 为孩子鼓掌

这是一道填空题，请花 5 秒钟的时间思考一下，然后写出你的答案。

□我为我的孩子感到自豪，因为他 / 她＿＿＿＿＿＿＿

＿＿＿＿＿＿＿＿＿＿＿＿＿＿＿＿＿＿＿＿＿＿＿＿＿

□我为我的孩子感到骄傲，因为他 / 她＿＿＿＿＿＿＿

＿＿＿＿＿＿＿＿＿＿＿＿＿＿＿＿＿＿＿＿＿＿＿＿＿

□我为我的孩子感到开心，因为他 / 她＿＿＿＿＿＿＿

＿＿＿＿＿＿＿＿＿＿＿＿＿＿＿＿＿＿＿＿＿＿＿＿＿

写完后，可以邀请你的伴侣参与其中，看看你们的答案分别是什么，你们是怎么想的？

＿＿＿＿＿＿＿＿＿＿＿＿＿＿＿＿＿＿＿＿＿＿＿＿＿

＿＿＿＿＿＿＿＿＿＿＿＿＿＿＿＿＿＿＿＿＿＿＿＿＿

如果邀请孩子回答"我为我自己感到自豪 / 骄傲 / 开心"的原因，孩子又会如何作答呢？请写出答案。

☐我为我自己感到自豪，因为我＿＿＿＿＿＿＿＿

　　＿＿＿＿＿＿＿＿＿＿＿＿＿＿＿＿＿＿＿

☐我为我自己感到骄傲，因为我＿＿＿＿＿＿＿＿

　　＿＿＿＿＿＿＿＿＿＿＿＿＿＿＿＿＿＿＿

☐我为我自己感到开心，因为我＿＿＿＿＿＿＿＿

　　＿＿＿＿＿＿＿＿＿＿＿＿＿＿＿＿＿＿＿

　　我曾经把这个问题发给 100 多个家长，让他们填写完答案再发给我。这些答案挺有意思的，因为我看到其中有很多表白，也有很多感慨，比如"我为我的孩子感到自豪，因为她温柔、体贴、善解人意"，"我为我的孩子感到开心，因为他获得了全国英语比赛一等奖"，"我为我的孩子感到骄傲，因为她是我的孩子"……这个练习可以经常去做，因为当你这么去做的时候，你就开始参与孩子的成长新征程。在这个征程里，你能从孩子身上看到他对自己想要获得成就感的期待。

　　成就感是什么呢？成就感是一个人想要强烈实现目标的渴

第六章　成就感，让孩子学会掌控人生

望，以及对获得个人成就或高绩效的渴望。这不难理解。如果我们做一件事情，总感受不到成就感，久而久之就会失去持续下去的动力。对孩子来说也是如此。在某种程度上，孩子比成年人更加需要成就感。

一个成就感较高的孩子，对实现目标的积极性也会更高。也许实现目标的过程不会一帆风顺，可能会遇到挫折，但无论如何，成就感都激发了孩子想要通过行动来实现这个目标的愿望。成就感较高的孩子不一定做的是自己最擅长的事情，因为真正吸引他们的是朝目标靠拢的过程。

成就感和进步速度并没有太紧密的关联。有些成就感较高的孩子行动速度会很快，同时在自己的日程表上安排很多的项目；也有些成就感较高的孩子速度反而比较平缓，他们更喜欢慢下来行走，去享受前进的过程。无论哪种情况，都是合理的。

01 成就感和学习动机

思考孩子成就感的来源，我们需要重新学习一个词，叫"动机"。

科学家和心理学家一直都在研究，到底是什么激励一个人长期地、持续地朝着目标学习。无论是皮亚杰的理论还是加德纳的理论都支持一个观点：儿童主动学习的前提条件是具有引起学习的内部动机。

学习动机就是督促孩子主动学习的内在驱动力。拥有学习动机，不单单是决定孩子学习成败的关键，更是新时代必备的关键能力。真正的学习是贯穿一生的过程，孩子只有发现学习是愉快的和有益的，才能培养出终身学习所必需的持续动力。

不管孩子处在什么年龄，你有没有注意到孩子获得强烈学习动机的某一个时刻呢？实际上，我们的孩子天生就拥有学习的动机。当我们看到孩子的眼睛闪闪发亮，做某件事情的时候有停不下来的干劲儿，或者安静地专注在某一件事情上，这些都是孩子有强烈学习动机的表现。我们要做的就是要保护好这簇小小的火苗，并且让它越烧越旺，逐渐地蔓延开来，成为孩子获得内心成就感的来源。

可是，要保护好孩子内心的火苗，守护住孩子的成就感，一点也不容易。举个例子，为了让孩子积极学习，许多父母都尝试过两种方式：一种是给予物质的奖励，比如许诺孩子考得好的话，就去吃一顿大餐，或者奖励孩子一个玩具，这属于外在动机；另一种是及时肯定孩子在学习上取得的成绩，激发孩子想要获得更好成就的内心动力，这属于内在动机。

内在动机能够给孩子带来个人满足感。提出"自我决定理论"的德西教授的研究结果发现，受内在动机驱使的行为本身也会有回报，比如通过努力学习，满足了对知识的好奇心；或者通过解答题目，得到答案。也就是说，学习行为本身就是回报，这种行为本身是快乐的。因为这种奖励来自个人内部，所以它有几个特点：

· 每个人都可以找到积极的理由，产生内在动机。

· 在很大程度上受个人自主控制。

· 受自我驱动，孩子更容易做得更好。

与内在动机相比，外在动机不是出于行为本身的兴趣，而是为了获得某种可分离的结果，即外在奖励，比如为了获得高分或避免受到惩罚。它通常是由另一个人，比如爸爸或者妈妈，赋予孩子的。比如爸爸或者妈妈一直跟孩子强调"你这次考试考了满分，真棒！"或者"你这次成绩不错，下次继续加油！"，抑或"你一定要考90分，你可以做到的！"等等。这种外在动机存在着多个缺点：

· 孩子会变得仅仅为了获得外在奖励而努力。

· 孩子对学习的兴趣可能很浅，甚至只是暂时的、短暂的。

· 在外在动机的刺激下，孩子容易倾向于认为学习是为父母做的事情，而不是自我提升。

· 孩子可能无法明白获得内心成就感和自驱力的重要性。

外在奖励能不能用

外在奖励之所以经常会被采用，是因为它能快速地刺激孩子努力去完成某件事情。孩子不想做家务？那做家务就给零花钱。孩子对背单词没兴趣？那单词默写过关就奖励一朵小红花，集齐相应数量的小红花就能换奖品。如果孩子知道他的表现会受到批评或惩罚，他通常会避免让自己表现得很差；如果孩子知道自己的成就是父母的面子和评价标准，那么很多孩子会倾向于以取得好成绩来获得父母的关注。外在奖励本身不会提供任何内在的成就感，它只会让孩子在表面上看起来很配合。

对于外在奖励一直存在着争议，理由是当给予外在动机时，内在动机就会被削弱。德西做过这样一个实验：他邀请了两组学生解答智力测试题。第一阶段，两组学生解答完毕后不给予奖励；第二阶段，第一组学生每解决一个问题，就得到 1 美元奖励，第二组学生仍然是没有奖励；到了第三阶段，他告诉第一组学生，每题 1 美元的奖励不会再有了。然后他发现第一组的学生很快就没有了继续解题的欲望，而第二组的学生仍在乐此不疲地解题。

这个实验结果被称为"德西效应"。如果外在激励被用来刺激一个对这件事情产生兴趣的孩子，那么这个孩子的内在动机可能会随着时间的推移而减少。也就是说，父母在引导孩子产生自驱力的过程中，假如同时把外在动机和内在动机结合起来去激励孩子，就会产生一个反效果——削弱孩子的自驱力。举个例子，如果一个小朋友很喜欢画画，那么他本身已经有内在动机了。而他的父母为了鼓励他能够坚持下去，跟他说："如果你能画 5 幅作品，就给你一个奖品。"殊不知父母这样做，实际上是用外在的奖励把孩子内心那种很喜欢画画的情感削弱了。

外在奖励不一定是坏事，只是较难使孩子形成长期的内在动机。如果孩子对一件事情不感兴趣，用外在奖励来引起孩子的兴趣是一种可以尝试的方法，比如现在教学体系中常见的积分兑换和徽章奖励制度，虽然不是"课堂管理"制度中最优的方式，但是对孩子参与度的提高有一定的帮助。而如果在课堂上，老师经常依靠物质奖励来进行班级管理，就很容易让孩子产生攀比心理，甚至有时候会因为有条件的奖励制度，让孩子的学习积极性受挫。举个例子，饱受诟病的小红花奖励制度，很多时候并不是小红花本身有多么罪恶，而是老师把小红花贴在墙上让同学之间进行比较，或者父母比较关注小红花的数量，会对孩子说："你的小红花为什么没有别的孩子多呢？""你看你表现得不好，所以才没有小红花。"这些想法都会加剧奖励制度的失衡。

再者，教学系统常用的积分做法能否直接应用到家里？答案是不能。它不能直接套用在家庭里。如果在家里，你想结合奖励制度来帮助改善孩子的行为习惯，比较好的方式是对积分奖励制度进行简化，确定核心目标，并在采用这个方法的时候积极关注孩子参与的过程。你可以帮助孩子关注他在这个过程中获得的成就感，看到自己的努力，让他发现自己原来也能从中得到乐趣，取到成功，这样他才会慢慢将这个过程中的收获转化成自己的内在动机。比如适时地表扬孩子，在表扬的过程中重点关注孩子在实现目标的过程中采取了哪些行动、付出了哪些努力、有哪些做法是值得孩子坚持的，这些都能让孩子产生成就感，让孩子知道自己的努力被父母看到了，同时知道自己一直在变得更好。这样的做法是用外在奖励去激发内在动机，而不是使用外在奖励去代替内在动机。

孩子的"护眼"经历

我跟孩子进行过"短期贴纸打卡"的计划，就是利用贴纸打卡的方式来鼓励孩子习得一个新行为。当时我家老二 Eric 3 岁，老大 Joshua 4 岁。有段时间，他们看书不注意用眼姿势，经常躲在昏暗的角落里，或者躺着、歪着脖子看书，这些行为都是我迫切想让他们改变的。因此我利用暑假时间，做了一个 30 天贴纸日历表，向孩子们发起"30 天保护眼睛"的倡议。

> 每个孩子都会有一张自己专属的日历表，并且匹配 30 个小贴纸。在接下来的 30 天里，要每天注意用眼的环境，给自己的眼睛朋友选择一个光线合适的地方，来进行阅读或者其他活动。如果一整天下来都没有收到我的用眼提醒，那么睡觉前，就可以在贴纸日历上贴一个小贴纸。

攒够 30 个小贴纸后就可以换一个礼物，具体想要什么礼物，可以先告诉我。

实施积分打卡的过程是顺利的。孩子们起床后看到这个贴纸日历，看到自己画上去的小眼睛图和礼物，很快明确了自己今天需要做的任务。后来，我观察到孩子慢慢表现出自发保护眼睛的行为。比如他们某一天起床后忘记看日历表，但在实际学习和游戏中，能够互相提醒对方注意用眼的距离。再到后来，哪怕忘记睡前贴贴纸，他们仍然会积极接受我的温馨用眼提示，时刻记得互相提醒对方要保护眼睛朋友。

在第二个周末，我决定结束这个打卡计划，给孩子们兑现奖品，并举行了一个小小的毕业礼。我对孩子们说："这个计划之所以提前结束，是因为你们温柔地呵护好了眼睛小朋友，它非常开心。希望这 10 天里跟眼睛小朋友相处的经历和感受能够一直持续留在你们的心里。以后不管我们做什么事情、看什么东西，都要记得保护好眼睛小朋友，因为它是我们一辈子的好朋友。"

通过这个小活动，我也解决了之前感到很为难的用眼习惯问题。至今，在用眼习惯方面，孩子们依然做得很好。在我写这本书时，我的两个孩子的视力是健康的。他们养成了一个习惯，会在写作之前先看看光线、环境，以及自己的位置是否合

第六章 成就感，让孩子学会掌控人生

适。他们开始明白："我很有力量，因为我能够照顾好眼睛小朋友。"

外在奖励的使用提醒

每个孩子的性格和成长环境都不一样，但现在回想起来，外在奖励之所以发挥了积极有效而且持续的作用，实际上是因为下面这儿点。这也是我们思考和制定任何奖励制度的前提。如果大家想在家里实行奖励制度，一定要重点看看下面的内容，并结合孩子的性格和环境来适当优化。

1. 奖励制度针对的是孩子内心接受的事情。

当时为了铺垫这个活动，我跟孩子做了很多关于眼睛的科普，让孩子明白眼睛之于一个人有多么重要。它是我们的"好朋友"，从出生开始就跟随我们一起成长。让孩子真心喜欢上目标很重要。如果孩子不是真心喜欢"眼睛小朋友"，那么保护眼睛的过程对孩子来说就是痛苦并且有强迫性的。如果孩子本身就排斥某一个活动，那么奖励制度就很难激发孩子实质的内在动力。

2. 特定的奖励制度更适合针对某个想让孩子改变的短期行为。

在家庭环境中，适合用贴纸、积分奖励制度的场景是想要调整孩子行为的时候。记住调整的是一个坏行为，比如孩子暂时性的用眼姿势问题，可以通过显著、简单的行为来调整，并且让孩子养成好习惯。这个时候，借助外部的奖励方式就可以帮助孩子加速这个改变。

好的奖励制度一定是有明确目的，并且能够举一反三的。如果孩子在用眼习惯和吃饭坐姿方面都让你担心，那么你可以抓住两者的一个共同点来一起制定奖励制度，比如针对"坐姿"这个共同点来调整。这会帮助你简化规则，也能让孩子学习如何举一反三。

跟短期行为相比，孩子需要长期坚持的行为并不适合使用外部奖励制度。比如学习、吃饭、睡觉等行为就不适合使用外部奖励制度。无论使用哪种外部奖励制度，都容易削弱孩子在长期学习、自主吃饭和养成良好睡眠习惯方面的内在动力。拿学习来说，最好的激励和强化的方法一定不是依赖外部奖励。如果我们选择用外部奖励来推动孩子学习的话，会弊大于利，给孩子的内在动力造成伤害。这些都是我们在实际操作中需要提前意识到的分寸问题。

此外，从零开始培育一个新行为，同样不适合马上使用奖励制度。举个例子，你还没有观察孩子是如何用眼和学习的，就开始在孩子用眼和学习之前采用积分制度。这样做往往容易让孩子只盯着积分制度来了解你的用意，让孩子出现理解偏差，本末倒置。

3. 提前确定规则和奖品。

让孩子认同整个过程和计划，并且能够自主参与，可以使孩子知道自己努力的方向。父母可以给孩子一些选择，让孩子自己决定是去游乐园，还是兑换一些之前没吃过的冰激凌，抑或满足孩子的一个小心愿。这些都可以开诚布公地谈，让孩子清楚结果和目标。

4. 为调整计划设定时限。

不是孩子每做好一次，就给他一个奖品作为奖励，这样的奖励制度很容易削弱孩子的内在动力。我们需要明确告诉孩子完成整个计划需要多长时间，孩子们需要攒够多少贴纸才能兑换奖品，这些都需要循序渐进地安排。

5. 奖励不能太高、太频繁。

父母对孩子提出的要求容易过高，比如对一个三四岁的孩子提出 100 天打卡的计划，这是比较难实现的。如果奖励太难兑现，那么奖励也没有意义了。因为孩子会感到挫败，或者很快就忘记了奖励制度。比较合适的奖励计划是能够在一周、半个月，最长一个月内完成的。

父母不要对孩子承诺金额过高或者超过父母心理预期的奖品。有时候，孩子提出的愿望超出了父母的预算范围，比如孩子想要一个 iPad 或者出国旅行，就不适合用来做奖励。此外，在制定奖励制度时，也不建议直接用钱来奖励孩子。在奖励制度中，用代金券或者积分卡的方式来进行虚拟交易，都可以在合理范围内达成有效协商。

奖励制度也不能频繁使用，不能这个月为了鼓励孩子培养良好的用眼习惯而用了贴纸奖励，下个月为了鼓励孩子矫正吃饭坐姿再用贴纸奖励，这样容易让孩子厌倦，或者只盯着奖励制度来做事，减弱奖励制度的效果。

6. 奖励制度一定要有妥善的退出机制。

如果孩子已经出现了比较明显的行为改善，那么应及早结束这个制度，并在结束之前举行一个富有仪式感的活动，可以让孩子感受到过程的美好，记住活动的意义。

我们要关注孩子在整个过程中好的行为并进行鼓励。一定要记住，任何外部奖励都没有父母发自内心的赞赏和肯定对孩子的行为引导更有帮助。父母要让孩子明白父母更重视的是过程、细节，并非表面上的结果。当孩子对整个体验和参与过程感觉良好的时候，这种积极的感受也会延续下去，让孩子能够更加注意到自己在这一过程中的行为改变，这样才会激发孩子的自驱力。

奖励制度并不是万能的。我很坚持的一点是，如果你在养育孩子的过程中使用奖励制度，你的目的一定不能是控制孩子，不能是让孩子每一次都做到你要的结果。对于任何教养工具，唯有清晰、宏观地把握好尺度，时刻关注孩子的反馈，才能够真正在实操中做到不偏不倚。不要在借助工具的时候反而被工具主导，孩子最需要的是跟父母的亲密联结。

02 如何让孩子保持学习动机

积累内在动机的六条建议

大多数情况下，我们都希望激发孩子内在的学习动机，这是具有挑战性的行为，因为内在动机是不可见的，它更像是一种认知。

只有让孩子产生内在动机，才能帮助他们正确认识外在的成功。我的两个孩子分别处在小学三年级和小学一年级阶段。无论是校内的学习还是校外的兴趣班，我都能深刻地感受到他们的许多想法。对处在学龄前和小学阶段的孩子来说，他们自主的想法正在萌发，认知和价值观也在塑造。我们要帮助孩子在他们最关键的阶段积累内在动力。

1. 给孩子多点选择的机会。

现在孩子的日程表太满，孩子的大多数想法是以家长意愿为主，但其实对孩子来说，学会给自己的生活做加法和减法、如何平衡学业和兴趣爱好是帮助孩子自主独立的很重要的方法。在考虑孩子的课外活动或者生活中的安排时，试着多给孩子提供机会，让他们自由选择。

给孩子选择的机会与父母给孩子必要的建议，两者之间并不是对立的关系。哪怕是安排好的兴趣班课表，每个季度都跟孩子总结一下，帮助孩子去梳理自己在兴趣班的沉淀、思考，并与孩子讨论下一步的规划。这个亲子沟通习惯可以为孩子提供自主和独立的感觉。当父母给予孩子足够的自由去做选择时，孩子将会更有动力，更专注学习本身，更积极主动地解决遇到的问题。

2. 多赞赏孩子，但要学会归因的方法。

父母和老师的赞赏对孩子的影响力往往非常大。正确的赞赏可以让孩子专注自己所付出的努力，培养"困难是可以克服的"的信念，保持毅力，认识到毅力是克服障碍的一个很重要的因素。

在哥伦比亚大学对 400 多名儿童进行的一项研究中，心理学家克劳迪娅·穆勒发现，诸如"你很聪明"等关注孩子天赋的赞美方式会让孩子产生对失败的恐惧，孩子会因此喜欢逃避具有挑战性的困难，它破坏了孩子的内在动力。相比之下，另一部分被称赞"努力"，并受到鼓励"无论如何都要尝试"的孩子，更热衷应对挑战，同时很享受挑战困难的过程。

因此，赞赏孩子应尽量以过程为导向，关注的应该是孩子在学习上所付出的努力。当孩子将成功归因于内在的、稳定的因素时，比如"我考试得了 A，因为我知道如何学习"，他会体验到一种掌控感，这会增强他的自我决定能力，会使他更积极地去争取成功；当孩子将成功归因于外部的、不稳定的和特定的因素时，比如"运气真好！考试很简单，老师给每个人都打了好成绩"，则会产生侥幸心理，失败时甚至会感到绝望，因为外部因素难以人为干预。

3. 鼓励孩子像科学家一样思考问题。

现在国内一些学校提倡的项目制学习法、沉浸式学习体验等都是帮助孩子脱离传统的应试模式，让孩子能够更有创意、更有热情地构建自己的知识体系。科学的分析方法包括文献查阅、调研背景、资料收集、研究分析、文章撰写、实验对照等，这些方法是让孩子从小学会如何从生活中发现问题，并将理论联系实际，从而让自己的综合能力得到提高的很重要的认知培养。当孩子的知识体系构建能够从内部孵化时，就有利于提高孩子的内在动机。

4. 成为孩子的榜样。

如果父母能跟孩子建立紧密的联结，并且能成为孩子的榜样，那么孩子向你学习如何利用内在驱动力前行的积极性也会更高。孩子生来就是学习者，他们时刻都在敏感地全身心观察、模仿父母的言谈举止，大到人生观和价值观、人生目标与个人追求，小到细微的生活习惯，慢慢将这些渗透进自己的一言一行里。比如当孩子遭受失败或遇到挫折时，不要假装它没有发生，而是要承认这个结果，对孩子说"那一定很难，我明白你为什么感到失望"，才能够让孩子明白失败并不可怕，父母是接纳自己的。然后和孩子一起头脑风暴，让孩子明白下次如果遇到同样问题，可以使用什么方法加以解决。

多和孩子分享你自己的失败或成功的经验，着重强调你为了实现目标而努力奋斗的过程，以及相信能够取得成功的信念。看到你坚持不懈地克服障碍，从而实现了目标，孩子也会形成一种信念，相信内在的意志可以影响事情的结果，

5. 让孩子有稳定的同伴关系。

没有人是生活在孤岛上的，孩子也一样。孩子需要朋友，需要稳定的同伴关系。透过观察同伴，孩子能看到与自己相似的人为实现目标或克服障碍而努力的过程，有助于他树立可以成功影响事情结果的信心。比如孩子看到朋友经过几次尝试后，成功地搭建了一个模型，他可能会想："既然他能做到，我也能做到。"如果孩子感觉自己与他所观察的人越相似，那么对方成功或失败的经历对他信念的影响就越大。

6. 积累孩子的高光时刻。

孩子需要获得荣誉感。孩子从父母、老师、朋友那里收获的积极的评价和反馈可以帮助他在遇到挫折时能付出更大的努力坚持下去。用能够反映孩子真正优势的方式表达，并尽可能地具体描述，比如"你擅长解决问题""你可以想出创造性的解决方法"等，都是对孩子具体技能和优势的关注，也可以让孩子更有自信。

高光时刻可以给孩子带来积极情绪，就如同向上旋转的螺旋一般，积极情绪能让孩子主动发生改变，拓展多元思维，使孩子想到更多解决问题的方法，从而增强解决问题的积极性，进一步增强孩子应对挑战的能力。你也可以在高光时刻引导孩子思考更多，比如可以这样说："你的口头表达能力很强，这对你有什么帮助呢？""我看到你毫不畏惧地化解了跟同学发生的冲突，你觉得你的这份勇敢还能用在什么地方呢？"又或者："你的识谱能力很强，你觉得在接下来的钢琴学习中，怎样能把它发挥得更好呢？"

高光时刻不等于大张旗鼓的派对时光。如果父母跟孩子一起庆祝孩子取得的成功或进步，通过跟孩子一起制作日记本或相册，或者在跟孩子一起聊天时列出孩子获得成功的技能、才能和策略就可以了。高光时刻的重点是帮助孩子建立积极的自我认知，创造积极情绪，进而使孩子产生更具创造性的思维，提高解决问题的能力。如果父母的关注点放在借助孩子在某件事情上取得的成功，让别人羡慕自己养了一个"牛娃"上，就偏离了这个建议的初衷。如果父母把孩子的成就归因于自己的成功，把孩子的高光时刻当成自己的"面子"，不仅很难给孩子带来荣誉感，还会让孩子有更大的压力，觉得自己背负着父母的期待，为了父母的面子而学习。

爱上不感兴趣的领域

我相信很多父母都很关心如何让孩子对不感兴趣的东西产生内在动机，比如孩子一直跟你说："我最讨厌数学了！"可是数学是必学科目，孩子不想学可怎么办呢？有没有可能让孩子对自己不喜欢的学科产生内在动机，来激励自己学习呢？这个充满矛盾的目标有没有解决方案呢？

哪怕孩子听爸妈的劝，硬着头皮学习自己不喜欢的科目，并且成绩很好，但这个领域会成为孩子将来为之奋斗的终生事业吗？不一定。我身边有一个朋友，国内知名大学数学系毕业，从小到大数学成绩都很好。他花了很多的时间去提高自己的数学水平，可是他毕业后从事的工作跟数学没有一点关系。有一次见面，我问他为什么做这个决定，他说："我从来没有喜欢过数学，而且越来越厌恶它。"为了能跟这种厌恶的情感说再见，他选择了永远放弃这个领域。我相信我们身边应该都有这样的朋友。他们很有能力，在某个领域有很出色的才能，可是最后却都做了一个相似的决定，就是放弃那个表现出色的领域，并且越来越不喜欢那个领域。

提出自我决定理论的德西和瑞安花了很长的时间去研究这个现象背后的原因，并且尝试提出解决方案。这也是自我决定理论的诞生背景。自我决定理论认为，人们成长和改变的动力来自三种与生俱来的普遍心理需求，分别是自主需求、胜任需求和关系需求。当这三种需要求得到满足时，他就能够具备管理自己生活的能力，做出选择，自我驱动，向前发展。

理解自我决定理论，需要理解这个理论的两个关键假设：

1. 发展是需要推动力的。

自我决定理论的第一个假设是人们积极地朝着成长的方向发展。愿意迎接挑战，对于培养自我驱动力至关重要。

2. 自主动机很重要。

虽然人们通常受到金钱、奖品、表扬等外部奖励的激励而使自己的行为受到影响，但内在动机，比如出于对获得知识或能力的渴望，对孩子的成长影响则更为深远。

根据这两个关键假设，针对孩子不感兴趣的领域，我们需要帮助孩子感受到以下几点，才能更好地促进他们的心理成长：

1. 自主需求。

孩子需要感觉到他可以控制自己的行为，能够采取直接行动并对事情带来真正改变。

2. 胜任需求。

孩子需要明确地清楚挑战所在，并学习不同的技能。当他觉得自己拥有获得成功所需的技能时，他会更有意愿去采取行动来实现目标。

3. 关系需求。

孩子需要体验对他人的归属感和依恋感。

我们除了对比外在动机和内在动机之外，还可以把这两种动机跟孩子的非自主行为和自主行为关联起来。纯粹自主决定的行为往往是由内在驱动的，是对行动本身的内在满足。另一种是非自主决定的行为，孩子表现出这些行为只是因为这件事情必须完成，但孩子本身对这些行为的内在控制是弱的。

如果孩子很讨厌数学，哪怕你觉得孩子在数学方面很有天赋，他也有很大可能会最终放弃这个领域。无论是孩子还是大人，都很少受单一动机的驱使而采取行动，而是混合了多个目标。比如孩子积极学好数学，外在动机可能是希望获得他人的认可，而内在动机可能是从数学这个领域本身获得了成就感。

能够对孩子产生更长远影响的是后者带来的成就感。只有帮助孩子孵化出内在动机，孩子才有可能改变行为。

通过不同程度的外在奖励，可以激发一定程度的内在动机，但如果能保持自我控制力，就能够通过调节行为，最终让内在动机与内在自我保持一致。自我决定理论的重点在于挖掘个体的内在驱动力。控制感和内在动力可以帮助孩子对所做的事情投入更多热情。

1. 相信自己对生活具有掌控力。

孩子相信自己的行动会对学习的结果产生影响。当面临挑战时，他们相信通过勤奋的努力、合理的计划，并且坚持不懈，是可以克服困难的。

2. 有较强的自我激励能力。

孩子不依赖外部奖励或惩罚，而是能够激励自己主动学习。他们之所以努力并坚持不懈，是因为他们擅长设定目标，并朝着这些目标努力。

3. 为自己的行为负责。

高度自觉的孩子能理性看待自己的成功，也会为自己的失败承担责任。

总的来说，自我决定理论能够帮助你理解并发现可能激发孩子行为的因素。感觉自己有自主权，能够自由地做出决定，这对保护孩子的内在动机非常重要。当他所追求的与自己的目标一致时，他会感到更加快乐，内在驱动力也会达到高峰。

03 成长型思维和心流理论

孩子的落后是暂时的

成为父母之后，是不是发现我们变得容易焦虑了？特别是发现自己的孩子成绩落后很多时，我们的第一反应多数是如何才能让孩子的成绩快速提上去。但实际上，当我们的着眼点是"快速"的时候，往往很难保持初心，与孩子一起去解决他在学习上的问题。越是关键时刻，或者让我们感到焦虑的关头，越需要抱有长远发展的心态，这样才会帮助孩子取得更多的成就。

将学生分为有固定思维模式的学生和成长型思维模式的学生这两种类型是斯坦福大学心理学家卡罗尔·德韦克第一个

提出来的。之后，她做了一个实验：A组学生只接受常规教育；B组学生除接受常规教育外，还参加了成长型思维模式研讨会的8节课。德韦克告诉B组学生："你们的智力还可以增长。有研究表明，大脑可以像肌肉一样得到发育。因此，锻炼大脑的次数越多，你们的大脑就会越强，变得越聪明。"结果B组学生相信自己的智力可以增长之后，比A组学生对学习表现出更强烈的兴趣，开始频繁地参加研讨会，数学成绩也显著提高。

从这个实验不难看出，具有成长型思维的孩子更愿意挑战困难，更愿意为进一步的学习付出更多的努力。一个有着固化心态的人倾向于相信每个人的能力都是天生的。这样的人如果数学考试不及格，会认为这是因为他天生不擅长数学，更有可能因此放弃数学。如果有人经常告诉一个孩子，他很有天赋，他表现得很好，那么他就可能会形成一种固定的思维方式，认为自己的能力和才华也都是天生的；而具有成长心态的学生相信他们可以提高自己的技能和能力，认为成功取决于努力。哪怕遇到了难题，然而这些难题可以发展自己的新技能，在解决难题时可以学到新的东西，能够满足孩子的内在需要，那么孩子在活动中就更能体会到自主感和胜任感，从而变得更加勇于尝试未曾接触过的东西。

成长型思维培养的是孩子的自主学习力和自驱力。因为这并不是父母强加给孩子的，而是从孩子的心里自发形成的。孩子在潜意识里有了向前的动力。

成长型心态是一颗种子，这颗种子能够生长出一系列的积极态度，而态度决定行动，行动决定结果。拥有成长型思维的孩子相信自己的能力可以通过努力学习去提高，因此，当面对困难时，拥有成长型思维的孩子的内心会充满希望，比固定型思维的孩子更有力量、更坚韧、更有勇气去接受挑战，也更有毅力坚持奋斗。

心流的惊人力量

你还记得上一次做你最喜欢的事情时，你的状态是怎样的吗？看看下面有哪几项符合你的情况：

·高度专注，注意力很集中。

·全身心沉浸在当前的活动中。

·内心有种掌控感，相信自己的能力。

·心情非常愉悦。

·没有注意到时间的流逝。

美国心理学家、积极心理学的奠基人之一米哈里·契克森米哈赖将类似上面的体验描述为一种自发的流动状态，把具有这些特征的体验称为"心流体验"或"心流状态"。

心流是一种内在动机，也就是说，你做这件事主要是因为你喜欢做。每个人或多或少都体会过心流状态，也许出现在工作、学习中，也许出现在娱乐中。心流的出现，让我们感觉当时那一刻自己达到了"最佳状态"，继而对正在做的事情欲罢不能。如果将心流体验应用在学习上，那么你会感觉到自己在学业上有所进步，会随着这个进步而不断学习，这是一种最理想的终身学习模式。

获得心流的先决条件是自愿参与你觉得有趣的任务。当你陷入心流体验时，你的注意力将会非常集中，时时刻刻都知道下一步应该做什么。就像打网球，你知道自己该在球飞来的哪一刻击球；就像你在演奏一种乐器，你几乎每一秒都知道自己想弹什么音符。同时，你也会马上得到你正在做的事情的反馈。也就是说，如果你正在听音乐，你可以听出每个音节有没有出错；或者在打网球的过程中，你能判断出球的方向。

在心流体验里，你有专注力，有明确的目标，能得到即时的反馈，有掌控的感觉。你做这件事所拥有的技能与你要面对的挑战几乎是匹配的，也就是说，你面对的挑战和你拥有的技能之间的关系是平衡的。

无论你做什么事，当有这些特征出现时，这件事就很容易让你上瘾，而你也会不停地试图重复这种感觉。这就解释了为什么你有时候即便不挣钱，也想要去做某件事，因为它带来的满足感会激励你继续前进，你不需要或不在乎别人的认可。

那我们可以做些什么来帮助孩子在学习中找到"心流"呢？主要是来自父母的支持。几乎所有经常体验心流状态的孩子都会从父母那里获得了很高的肯定和认可。这些孩子的父母相信孩子的能力，并能够给予他们支持。比如给孩子创造一个留白时间或"天才 1 小时"，并在这段时间里给孩子提供一个空间，这个私密空间并不需要很大，只要能让孩子觉得在这里他可以放松地做他想做的事，就可以了。

此外，孩子需要面对的挑战和本身拥有的技能，两者需要处在一种平衡但匹配度相对较高的状态，这样才能更好地激发心流的产生。米哈里做了多个研究，结果都表明，当孩子面对的挑战和本身拥有的技能处于平衡且匹配度相对较高的状态时，心流体验才可能随之而来。

"心流"指的是当我们投入一件事中时，感到非常兴奋和专注的状态。心理学家米哈里的一项研究告诉我们，我们要做的事情和拥有的能力，就是进入"心流"状态的关键。

· 当要做的事情很难，而我们的能力也很强的时候，我们往往会感到投入、专注和快乐，也就是进入了"心流"的状态。

· 当要做的事情很难，但我们的能力却不足时，我们就容易因为做不到而感到紧张、烦躁和害怕。

·当要做的事情很简单，而我们的能力又很强的时候，我们就会因为太轻松而感到无聊。

·当要做的事情很简单，而我们的能力很一般的时候，我们就会因为无聊而感到迷茫。

从上面四种情况可以看出，心流本身是动态的。随着个人技能的提高和任务变得越来越不具有挑战性，我们有可能会停止心流体验。

因此，为了让自己持续处于心流状态，要么选择更困难的任务、设定更高的目标，要么改变其他的外在条件，将挑战和技能恢复到平衡状态，以此来保持我们进行这项活动的内在动力。同样，如果承担的任务超过了我们目前的技能水平，就会让我们产生焦虑。这种焦虑可以通过采取行动迅速提高技能以适应当前的挑战来缓解，或者通过向下调整任务的目标，使挑战更符合自己当前拥有的技能。

孩子有可能在学习中产生心流吗？当然有可能！

想想你的孩子刚开始弹钢琴时笨手笨脚、小心翼翼的样子，后来是不是就能够很轻松地弹出一首完整的曲子，并沉浸在自己的音乐当中？再想一想当你全神贯注地做你自己喜欢的事情时，虽然一开始可能需要 15 ～ 20 分钟才能进入沉浸式的状态，但是一旦进入，你就会变得无比专注，而且不知不觉地，你的水平越来越高了。这是因为心流体验往往能够使人忽略环境中不相关的刺激，并在各种情况下"享受自己"。这种过滤能力能够让我们更好地控制自己的想法，更密切地关注细节，而这通常有助于我们进一步发现机会、采取行动、设定目标、获得反馈，有利于我们应对更大的挑战。

试试多围绕米哈里的心流模型来衡量孩子在学习中产生心流体验的概率，并以此来思考自己的支持方式是否真的适合孩子的发展吧！

练习 / **成长型思维的锻炼活动**

培养孩子的成长心态是一个过程，父母不妨让孩子在家里尝试以下两项入门级的有趣且富有挑战性的成长型思维练习，有助于孩子理解如何通过改变内心的声音来完成心理转变。

❶ 列出一些平时有可能会经常说的消极或有否定性描述的句子。接下来，向孩子展示如何通过改变几个字，就能给句子带来积极的转变。下面是一些简单的否定性陈述句，试着改变它们吧：

"我太差劲了。" ——➤ "我还不够好。"

"我不会做这道题目。" ——➤ "我还没学会做这道题目。"

"我没有好主意。" ——➤ "我还没想出一个好的主意。"

"我不太强壮。" ——➤ "我锻炼得还不够强壮。"

"我不是一个优秀的人。" ——➤ "我还不够优秀，我还可以更优秀。"

❷ 为孩子提出成长心态方面的问题。每天在用餐时间
或就寝时间使用下面这些问题来鼓励孩子进行思维
转变：

· 今天有什么事情让你觉得很难完成吗？

· 你今天有什么事情是做得还不够好的呢？你从中
总结经验了吗？

· 你想在什么方面变得更好？

· 你发现最近自己在什么方面变得更好了？

· 什么事情能够引起你的好奇心呢？

· 你今天问了别人什么问题？

· 你今天做了什么让你骄傲的事情？

04 积极成为终身学习者

现在社会上有很多关于如何抚养孩子的观点，而对于同一件事每个人都会告诉你不同的观点。当你试图找出谁的观点正确的时候，却忘记了向世界上最伟大的专家——你的孩子，咨询他的需求。

跟大家说一个生活中常见的情景。假设你有两个可爱的孩子：一个是女孩，一个是男孩。在生活中的方方面面，你都向他们表达出你的爱，并且非常小心地把你的爱公平地分配给两个孩子。你也很努力地把你的注意力平均分配给他们，绝没有厚此薄彼。那么，为什么你总是会觉得，好像儿子就是没有女儿那么亲近你呢？举个例子，当你想跟儿子亲近时，他会频繁地从你的拥抱中挣脱出来，不像女儿那样紧紧抱着你，说上许多遍"妈妈，我最爱你了！"

这个情景很多多娃家庭都会遇到。我家两个孩子性格不同，比如小儿子希望睡前能像树袋熊一样，让我抱着他回房间睡觉，还希望我能给他多讲讲睡前故事；而大儿子则很独立地自己回房间盖上被子关上灯，跟全家人说声"晚安"，就安然入睡了。你是否也曾面对过这种不同情况，而对此产生过困扰？实际上并不是父母的养育方式出了差错，而是孩子性格不同，需求自然是不同的。

儿子从你的拥抱中挣脱出来，有可能仅仅是因为儿子不需要太多身体上的互动，而女儿渴望身体上的互动，所以想经常跟你接触，并在语言上多多确认情感的亲密值。同样，我家小儿子希望可以通过树袋熊的方式来得到自己想要的身体接触，而大儿子仅仅需要一句简单的"晚安"。

作为父母，我们有责任根据孩子的性格来抚养他们。如果两个孩子对拥抱的接受度不同，那么多花点时间拥抱女儿，少拥抱儿子，这样做并不是不公平。与此同时，你可能会看到儿子在其他方面更需要你的陪伴，那么为了确保孩子都能感受到你的信任，你也要为儿子特定的需要提供支持。

我们需要尊重孩子的意愿和需求，即使这些想法不一定符合你最初的设想。我再举一个例子，一对非常善于交际的父母花了大量的时间和精力为孩子举办了一个盛大的生日聚会，但孩子并不想参加，一个人跑到卧室里不想出来。这种情况可能会让父母在当下觉得尴尬和失望，即便如此，这也是孩子用行动来表达内心需求的体现。

能够自由选择是独立的另一个重要组成部分，这会让孩子对生活有一种归属感；相反，如果都是你在决定你的孩子需要什么，孩子就会变得无所事事，感觉好像一切都被事先计划好了。尽你所能去接纳孩子性格的每一个方面，这才是倾听的价值。

对任何一个人来说，不断培养自己的能力，才能让我们变成终身学习者。成绩也不是万能的，它们有局限性。如果我们愿意以平和的心态去看待成绩，我们的孩子就不会被成绩绑架、被分数左右，而且无论何时何地都会明白，在进步这条道路上，唯有自己是自己需要面对的"参照标"，这时候，孩子的努力才会有更大的意义。

我们养育孩子是为了让他们茁壮成长，而不是用规则来限制他们。了解他们独特的个性，了解他们的具体需求，做他们可以学习的榜样。最重要的是，给予他们发挥所长的自由，让他们有发自内心的动力，能够持续保持成就感，积极为未来努力，这才是我们养育的初心。

第七章

自驱型养育离不开父母的教养观

之前我听过一个辩论题："作为父母，你能接受孩子将来是一个普通人吗？"我在即将完成本书的定稿时，也不由自主地问了自己这个问题。答案几乎是肯定的：能。我们谁不是普通人呢？神舟十三号升空时，长征二号 F 运载火箭总设计师容易在接受采访时说："航天是一个系统工程，任何一个人在里面的工作都是一个微乎其微的螺丝钉，所有的螺丝钉集合到一起会迸发出非常强大的力量。"在各行各业，一个健康、良性、稳健的社会的进步和发展离不开千千万万的螺丝钉聚合起来的迸发力，而这些螺丝钉，谁说不是千千万万的普通人呢？

我提倡自驱型养育、因材施教、顺势养育很多年了。我坚持做这些，是因为深信每个孩子的内心都有一个太阳。我们教育的责任和义务就是帮助它发光。从一个新的角度来看，我们又何尝不是通过养育获得了很多新的价值？

孩子教会我们的道理远比我们想象中要多，比如以下这五个对我来说很重要的感悟：

1. 孩子教会我如何享受快乐。

正因为孩子天生充满好奇心和探索欲，他们对万千世界的奇思妙想往往感染着我。他们教会了我如何去观察世界，如何对万物感到好奇，如何以纯粹的、童真的视角活在当下，学在当下，乐在当下。

2. 孩子教会我如何自我接纳。

哪怕是很小的孩子，当小家伙完成某件事时，他也会高兴地不停拍手，即使他的"成就"可能只是叠了两块积木、倒了一杯水。作为成人，我们在社会上学了太多的挑剔，容易看到缺点和不足，精神也容易高度紧张，但学会自我欣赏是我从孩子身上学到的很重要的一课。像孩子那样，在生活中学会接受自己。与其专注我们不是什么，不如让我们学会专注我们是什么。

3. 孩子教会我如何表达感受。

无论是喜悦、失望、愤怒，还是其他任何情绪，孩子都会毫不犹豫地表露出来，这对成人来说是一个重要的收获。大多数成年人习惯了压抑情绪，尤其隐藏消极情绪，或者是不合理地表达负面情绪，这些做法反过来影响了我们的身心健康。和孩子一起构建亲密关系、学习情绪管理的过程，其实也是在帮助我们学习如何合理地表达自己感受的过程。恰当地表达情感是我从天真无邪的孩子那里吸收到的品质。

4. 孩子教会我如何无条件地接纳。

有太多的画面可以让我们回忆起孩子对我们的依恋和宽容。无论是孩子与我们依偎着一起讲故事的瞬间、我们牵着孩子的小手散步的过程，还是孩子睁大眼睛专注地看着我们的画面，都表达出孩子对我们毫无保留的爱意。孩子对父母的爱不求任何回报。多看看孩子的微笑，感受孩子的欢乐，可以帮助我们去学习如何像孩子一样自由而充分地去爱。

5. 孩子教会我如何坚持不放弃。

你观察过一个1岁的孩子试图把掉在沙发下面的乒乓球取出来的过程吗？尽管够不着，但孩子放弃了吗？没有，而且他会想尽办法去思考如何将其取出来，或者想方设法寻找父母的帮助，直到他能顺利取出他想要的乒乓球。孩子的韧性和毅力是天生的，在某种程度上是我们成年人让孩子体会到什么叫放弃。

多想想我们可以从孩子身上学到什么，就会更加明白每一代人的格局和使命本身就不一样。

我想让孩子的内心世界"不平凡",因为孩子的未来更宽广,他们拥有更广阔的天地。我们这一代父母可以当孩子的心灵守望者、成长的脚手架。

孩子未来面对的世界,有梦想、奋斗、探索、未来,还有独立、责任、磨砺和尊重。了解并接触自己要面临的世界是什么样的,给人带来的不是只有焦虑。只有井底之蛙才会觉得世界是一方圆井。如果孩子从来都不知道自己未来的可能性可以更丰富,自己内在的力量可以比上一辈人更强大,那么他只是象牙塔里的孩子,永远长不大。我爱你,我可以陪着你一起探索,但你的人生并不属于我。这是作为父母应该具有的心态。

学海无涯苦作舟,没有什么是一蹴而就的。对知识和探索保持敬畏而积极的心态,这才是孩子最好的学习状态。如果没有坚实的知识作为基础,孩子就无法突破自己的认知瓶颈;如果没有善于发现、观察、思考、研究和解决问题的能力,孩子也同样无法创造新的世界。在这个过程中,家庭就是孩子的底色,孩子如何看待自己和未来的世界、孩子大部分价值观的形成,最初的来源便是家长。

如果把养育看作考试,那么每个家长的卷面分是多少从来都不在他人的标准和路线规划中,而在孩子的言行和反馈里。孩子眼里是否有光、对父母是否信赖、对未来是否可期,这对很多父母来说,是一道很不容易作答的命题作文。我们花了那么多时间来寻找自己，现在为人父母，我们正在努力学习如何读懂孩子，如何帮助孩子找到自己的节奏。我们所有的规划和设想，最终都要依照孩子的个性和成长的变化来调整，这是我们每一代普通父母走过的朴实无华却不平凡的养育之路。

每个孩子都有自己与生俱来的独一无二的特质。父母唯有沉下心来思考如何因材施教、自驱型养育，才可以不局限、不盲目、不冲动。父母之爱子，则为之计深远。心向往之，行必能至。

为了帮助孩子拓展练习，我还专门制作了一套《提升幸福感，0～12岁孩子家长的心灵宝典》，里面有32种提升孩子自驱力的亲子心理学活动，针对学龄前、小学低年级和高年级孩子的成长需求，主题涵盖个人优势、积极应对、情绪管理、压力管理、寻求帮助及问题解决能力。不妨跟孩子在生活中多练习，提升孩子的幸福感。扫描二维码，在消息框输入"心灵宝典"，即可领取。

参考文献

艾利克森，普尔，2016. 刻意练习：如何从新手到大师 [M]. 王正林译. 北京：机械工业出版社.

鲍尔比，2017. 依恋三部曲：第一卷 依恋 [M]. 汪智艳，王婷婷，译. 北京：世界图书出版有限公司.

伯格曼，2018. 翻滚课堂与深度学习：人工智能时代，以学生为中心的智慧教学 [M]. 杨洋译. 北京：中国青年出版社.

伯克，2014. 伯克毕生发展心理学：从 0 岁到青少年（第 4 版）[M]. 陈会昌，等译. 北京：中国人民大学出版社.

查普曼，2018. 爱的五种语言：创造完美的两性沟通 [M]. 王云良，陈曦，等译. 南昌：江西人民出版社.

德斯蒙德，2018. 与真实的自己和解 [M]. 陆霓译. 北京：台海出版社.

德韦克，2017. 终身成长 [M]. 楚祎楠译. 南昌：江西人民出版社．

德西，弗拉斯特，2020. 内在动机：自主掌控人生的力量 [M]. 王正林译．北京：机械工业出版社．

加德纳，2017. 多元智能新视野（纪念版）[M]. 沈致隆译．杭州：浙江人民出版社．

柯比，2005. 学习力：哈佛大学对学习能力问题的最终解决方案 [M]. 金粒编译．海口：南方出版社．

罗利娜，2019. 教养力：给父母的 12 条顺势养育法则 [M]. 北京：中国妇女出版社．

利思科特－海姆斯，2018. 如何让孩子成年又成人 [M]. 彭小华译．成都：四川人民出版社．

麦格尼格尔，2012. 自控力：斯坦福大学心理学课程 [M]. 王岑卉译．北京：文化发展出版社．

米歇尔，2016. 棉花糖实验 [M]. 任俊，闫欢，译．北京：北京联合出版公司．

欧洛芙，2020. 不为所动：精神科医生写给高敏感人群的处世建议 [M]. 许恬宁译．北京：中信出版集团．

契克森米哈赖，2018. 心流：最优体验心理学 [M]. 张定绮译．北京：中信出版集团．

切斯，托马斯，2017. 气质论 [M]. 谭碧云译．上海：上海社会科学院出版社．

斯蒂克斯鲁德，约翰逊，2020. 自驱型成长：如何科学有效地培养孩子的自律 [M]. 叶壮译 . 北京：机械工业出版社 .

桑特洛克，2009. 儿童发展（第 11 版）[M]. 桑标，王荣，邓欣媚，译 . 上海：上海人民出版社 .

威廉，2014. 心理治疗中的依恋——从养育到治愈，从理论到实践 [M]. 巴彤，李斌彬，施以德，等译 . 北京：中国轻工业出版社 .

Adolescent Wellness, Inc., Educators [EB/OL]. https://www.adolescentwellness.org/school-curricula/.

BIELEKE M, KELLER L, GOLLWITZER P M, 2020. If-then planning[J/OL]. European Review of Social Psychology. https://www.researchgate.net/publication/346924102_If-then_planning.

CHESS S, THOMAS A, 2013. Goodness of Fit: Applications, From infancy through Adult Life[M]. London: Routledge.

DIVECHA D, 2018. Why Attachment Parenting Is Not the Same as Secure Attachment[J/OL]. Greater Good Center. https://greatergood.berkeley.edu/article/item/why_attachment_parenting_is_not_the_same_as_secure_attachment.

FRANK M G, 2016.Understanding Nonverbal Communication [M].Virginia: The Teaching Company.

GARDNER H, 2011. Frames of Mind: The Theory of Multiple

Intelligences[M]. New York: Basic Books.

GARDNER H, 2020. A Synthesizing Mind: A Memoir from the Creator of Multiple Intelligences Theory[M]. MA: The MIT Press.

GARDNER H, 2021. The Components of MI[EB/OL]. https://www.multipleintelligencesoasis.org/the-components-of-mi.

GEORGE C, KAPLAN N, MAIN M, 1985. Adult Attachment Interview Protocol[J/OL]. The Adult Attachment Interview. Unpublished manuscript, University of California. http://www.psychology.sunysb.edu/attachment/measures/content/aai_interview.pdf.

MEHRABIAN A, 1971. Silent Messages[M]. MA: Wadsworth Publishing Company.

MORIN A, 2014. The Everything Parent's Guide to Special Education: A Complete Step-By-Step Guide to Advocating[M]. MA: Adams Media Corporation.

MUELLER C M, Dweck C S, 1998. Praise for intelligence can undermine children's motivation and performance[J]. J Pers Soc Psychol, 75(1): 33-52.

O CRAIG, 2021. QS World University Rankings: Sustainable Development Goals[EB/OL]. https://www.topuniversities.com/university-rankings/world-university-rankings/sustainabledevelopment–goals.

RYAN R M. DECI E L, 2017. Self–determination theory: basic psychological needs in motivation, development, and wellness[M]. New York: The Guilford Press.

SOCKOLOV M, 2018. Practicing Mindfulness: 75 Essential Meditations to Reduce Stress, Improve Mental Health, and Find Peace in the Everyday[M]. Milan: Althea Press.

WOLPE J, 1968. Psychotherapy by reciprocal inhibition[M]. CA: Stanford University Press.

图书在版编目（CIP）数据

这样养育，孩子才有自驱力 / 罗利娜著 . -- 长沙：湖南文艺出版社，2022.10
ISBN 978-7-5726-0818-6

Ⅰ.①这… Ⅱ.①罗… Ⅲ.①学习方法—家庭教育
Ⅳ.①G791②G78

中国版本图书馆 CIP 数据核字（2022）第 152212 号

上架建议：亲子·家教

ZHEYANG YANGYU，HAIZI CAI YOU ZIQULI
这样养育，孩子才有自驱力

著　　者：罗利娜
出 版 人：陈新文
责任编辑：匡杨乐
监　　制：张微微
策划编辑：陈莎莎
文案编辑：任佳怡
营销支持：胖　丁
封面设计：三　喜
版式设计：李　洁
插 画 师：kelasco 甘科任
出　　版：湖南文艺出版社
　　　　　（长沙市雨花区东二环一段 508 号　邮编：410014）
网　　址：www.hnwy.net
印　　刷：三河市中晟雅豪印务有限公司
经　　销：新华书店
开　　本：680mm×955mm　1/16
字　　数：135 千字
印　　张：14.5
版　　次：2022 年 10 月第 1 版
印　　次：2022 年 10 月第 1 次印刷
书　　号：ISBN 978-7-5726-0818-6
定　　价：49.80 元

若有质量问题，请致电质量监督电话：010-59096394
团购电话：010-59320018